新旧动能理论与经济发展新探索

闫 燕 甘 鸿 张漪溪 ◎著

中国商务出版社
CHINA COMMERCE AND TRADE PRESS

图书在版编目（CIP）数据

新旧动能理论与经济发展新探索 / 闫燕，甘鸿，张漪溪著. -- 北京：中国商务出版社，2022.10
ISBN 978-7-5103-4469-5

Ⅰ. ①新… Ⅱ. ①闫… ②甘… ③张… Ⅲ. ①中国经济－经济发展－研究 Ⅳ. ①F124

中国版本图书馆CIP数据核字(2022)第195968号

新旧动能理论与经济发展新探索
XINJIU DONGNENG LILUN YU JINGJI FAZHAN XINTANSUO

闫燕　甘鸿　张漪溪　著

出　　版	中国商务出版社		
地　　址	北京市东城区安外东后巷28号	邮　编	100710
责任部门	教育事业部（010-64283818）		
责任编辑	丁海春		
直销客服	010-64283818		
总 发 行	中国商务出版社发行部　（010-64208388　64515150）		
网购零售	中国商务出版社淘宝店　（010-64286917）		
网　　址	http://www.cctpress.com		
网　　店	https://shop162373850.taobao.com		
邮　　箱	347675974@qq.com		
印　　刷	北京四海锦诚印刷技术有限公司		
开　　本	787毫米×1092毫米　1/16		
印　　张	9.75	字　数	201千字
版　　次	2023年5月第1版	印　次	2023年5月第1次印刷
书　　号	ISBN 978-7-5103-4469-5		
定　　价	72.00元		

凡所购本版图书如有印装质量问题，请与本社印制部联系（电话：010-64248236）

版权所有　盗版必究　（盗版侵权举报可发邮件到本社邮箱：cctp@cctpress.com）

前 言

我国经济已进入转变发展方式、优化经济结构、转换增长动力的攻关期。能否加快推动新旧动能转换关乎解决区域发展发展不平衡、保持经济中高速持续发展的重大问题，更关乎建设现代化经济体系这一国家发展战略目标、加快全面建成小康社会目标的实现。

经济增长是经济发展的核心，随着时间的推移，技术进步在经济增长中的作用日益提高，世界经济正转向以知识经济为主导的模式，知识和技术对经济增长的贡献已经超过资本、劳动力和自然资源的贡献，成为最主要的经济增长因素。本书研究技术创新与经济发展的关系，主要对经济发展、技术创新对经济增长的贡献，技术创新促进经济增长的机理进行了分析，对我国产业转型升级具有重要的理论和现实意义。

人类自身就是环境的产物，人类要依赖自然环境才能生存和发展，是自然界的一部分。与此同时，人类通过发挥主观能动性，改造自然环境，因而人类的活动会对环境产生重要影响。环境质量的提高是经济发展所带来的福利改进的一部分，环境的破坏则可能损害将来的生产能力。发展的可持续性意味着维持全人类福利的自然资源基础，使生态环境和经济社会协调发展。

本书主要讲述了新旧动能转换以及产业转型升级两个部分，涉及了新旧动能转换的理论依据、政策体系以及新旧动能转换的必要性，加快建立新旧动能转换的现代产业支撑体系；从技术创新促进区域经济增长入手，促进产业升级发展绿色全产业链循环经济以及生态文明建设，从而加快我国从工业大国迈进工业强国的步伐。

本书还有很多不完善的地方，敬请读者批评指正！

作者

2022 年 6 月

目 录

第一章 新旧动能转换的提出与目的　1
　第一节　新旧动能转换的提出及其含义　1
　第二节　我国新旧动能转换的趋势　3
　第三节　推动新旧动能转换的意义　5
　第四节　推动新旧动能转换的原则　7
　第五节　推动新旧动能转换的任务和目的　9

第二章 强化新旧动能转换规划的引领作用　11
　第一节　强化新旧动能转换规划引领的必要性　11
　第二节　新旧动能转换规划的原则和目标　12
　第三节　新旧动能转换规划的内容与方法　13

第三章 产业发展与产业结构优化　29
　第一节　产业发展概述　29
　第二节　产业发展的理论基础　35
　第三节　产业发展的生命周期　44
　第四节　产业发展规律　47
　第五节　产业发展战略　50
　第六节　产业的可持续发展　55

第四章 新旧动能转换与企业成长机理阐析　57
　第一节　实施新旧动能转换的内涵与路径　57
　第二节　新旧动能转换的阶段性与经济发展变化　62
　第三节　新旧动能转换与企业成长机理阐析　66

第五章　区域经济发展研究　69

第一节　经济发展的概念与理论…………………………………………… 69
第二节　区域经济发展的相关理论………………………………………… 73
第三节　区域经济发展能力的内涵与构成………………………………… 80
第四节　区域经济增长理论研究综述……………………………………… 87

第六章　技术创新促进区域经济增长的机理分析　89

第一节　技术创新促进区域经济增长的机理概述………………………… 89
第二节　创新主体：企业与政府的博弈…………………………………… 91
第三节　企业层面：区域技术创新促进经济增长的机理………………… 92
第四节　区域层面：技术创新促进经济增长的机理……………………… 97

第七章　区域创新主体协同研究　103

第一节　区域创新的功能定位、功能协同及功能耦合…………………… 103
第二节　区域创新主体协同演化过程……………………………………… 110
第三节　区域创新主体协同效率指标体系………………………………… 111
第四节　区域创新主体协同路径…………………………………………… 113
第五节　区域创新主体协同机制…………………………………………… 121

第八章　工业绿色转型升级的理论　131

第一节　产业转型升级理论………………………………………………… 131
第二节　产业绿色全产业链理论…………………………………………… 133
第三节　循环经济理论……………………………………………………… 135
第四节　生态文明建设理论………………………………………………… 138

第九章　从工业大国迈向工业强国　143

第一节　工业发展的战略部署……………………………………………… 143
第二节　供给侧结构性改革与工业发展…………………………………… 145
第三节　新时代全面对外开放与中国工业发展…………………………… 146

参考文献　149

第一章 新旧动能转换的提出与目的

第一节 新旧动能转换的提出及其含义

一、新旧动能转换的提出

新旧动能转换在我国的提出始于 2015 年。自 2015 年新旧动能转换开始出现在中央和地方政府主要领导讲话和文件中。李克强同志在 2015 年 10 月召开的政府会议中对当时中国经济做出判断，我国经济正处在新旧动能转换的艰难进程中。"新旧动能"概念开始正式出现在国家领导人讲话中。

我国《国民经济和社会发展第十三个五年规划纲要》提出新的增长动力正在孕育形成，要推进发展动力转换，拓展发展动力新空间，增强发展新动能。政府工作报告也多次提及"新旧动能转换"，提出做好"十三五"时期经济社会发展工作，要加快新旧发展动能接续转换；并提出"经济发展必然会有新旧动能迭代更替的过程，当传统动能由强变弱时，需要新动能异军突起和传统动能转型，形成新的'双引擎'，才能推动经济持续增长、跃上新台阶。当前我国发展正处于这样一个关键时期，必须培育壮大新动能，加快发展新经济。要推动新技术、新产业、新业态加快成长，以体制机制创新促进分享经济发展，建设共享平台，做大高技术产业、现代服务业等新兴产业集群，打造动力强劲的新引擎"。国务院办公厅还于 2017 年 1 月 20 日印发了《关于创新管理优化服务培育壮大经济发展新动能加快新旧动能接续转换的意见》，这是我国培育新动能，加速新旧动能接续转换的正式文件。该文件提出"通过一段时间努力，以分享经济、信息经济、生物经济、绿色经济、创意经济、智能制造经济为阶段性重点的新兴经济业态逐步成为新的增长引擎。制造业新模式、农业新业态、服务业新领域得到拓展深化，产品和服务价值链大幅提升，传统动能焕发新活力。新旧动能实现平稳接续、协同发力，资源配置效率和全要素生产率大幅提升，实体经济发展质量和核心竞争力显著提高，支撑经济保持中高速增长、迈向中高端水平，在全球范围内优化配置创新资源，在更高水平上开展对外合作，新的经济发展动力得到强化，新的经济结构和增长格局逐步形成。"

新动能覆盖三次产业，重点是以技术创新为引领，以新技术、新产业、新业态、新模式为核心，以知识、技术、信息、数据等新生产要素为支撑，体现了新生产力发展趋势，是实体经济发展升级的强大动力。发展新动能，应做到以下几点：一是必须坚持"增量崛起"与"存量变革"并举,既要培育发展前景广阔的新兴产业,也要化解淘汰过剩落后产能、运用新技术改造提升传统产业,实现"老树发新枝",促进社会生产力整体跃升。二是要推动有效投资和消费升级互促共进,把国内巨大市场需求作为"导航灯",大力补上短板,促进产品和服务创新,实现更高水平上供需结构的匹配和优化。三是不仅立足国内市场,也要主动参与国际竞争,抓住世界新一轮科技革命和产业变革机遇,积极培育对外开放新优势,拓展发展空间。

二、新旧动能转换的含义

新旧动能内含着新动能和旧动能。其中,旧动能是指经济发展的原有动力、能量或传统动力、能量,是与新动能相对而言的。新动能是指推动经济发展的新动力、新能量,或者说能给经济发展带来新动力、新能量、新活力的都是新动能。

新旧动能转换是经济发展中新动能接续旧动能的转型,是推动经济发展的新动力、新能量接续旧动力、旧能量的过程,形成以新动能主导经济发展的新格局,反映着新动能和旧动能的联系与转换关系,是社会生产力发展到一定阶段的必然产物。在新动能未出现或形成之前,旧动能对经济增长发挥主要支撑或推动作用。随着经济发展环境、要素供给等因素影响程度的变化,旧动能就会随之衰减,致使经济增长减速,这就需要培育新动能,为经济增长注入新动力、新能量,使经济保持一定的增长速度。新旧动能转换具有接续性,绝不是因为新动能在未来经济发展中占主导地位而完全否定了旧动能,这是因为新动能是在原有动能基础上新增加的动能,表明新旧动能转换具有重叠演进性,而且旧动能经过改造提升也能焕发出生机和活力,生成为新动能。

总的来看,近年来"新旧动能"更加频繁地出现在政府相关文件中,理论界对"新旧动能"的研究不断深入,内涵也逐渐丰富和完善。不难看出,新技术、新产业、新业态和新模式都成为促进经济社会发展的新动力。而"旧动能"也可转换为"新动能",如将"新动能"对应"新技术、新产业、新业态、新模式",那么"旧动能"应对应传统技术、传统产业、传统业态和传统模式,既包括"两高一剩"产业,也包括对经济增长支撑作用下降的对外贸易。对于"旧动能",运用信息网络等现代技术,推动生产、管理和营销模式变革,重塑产业链、供应链、价值链,实现传统产业的改造提升,推进转型升级,达到提质增效,可转换为"新动能"。

新旧动能已成为经济增长的"双引擎"。在经济新常态下新技术、新产业、新业态和新模式对于经济增长的贡献和重要性日益提升,但传统产业仍对经济发展发挥着重要的支撑作用。也可以说,经济增长新动能也是在现有动能基础上新增加的动能。如果新兴产业形成的起点不高、技术含量低、效率不高、市场竞争力不强,处在产业低端徘徊,同样难以产生强劲的新动能,甚至会为了发展新兴产业而发展新兴产业,尤其是出现严重的重复建设、重复投资等,仍然会给经济发展留下很多的风险隐患。而且像中国这样的发展中大国不可能一时间用新兴产业特别是战略性新兴产业全面替代传统产业，也不可能全部淘汰掉传统产业。对传统产业，只要不超越自然环境的承载力，能够适应现代经济和科技发展的需要，能够满足人民对美好生活需要的要求，并不断地在改造提升中积极引导消费、挖掘消费潜力，就一定能够为经济增长增添新动能。

第二节　我国新旧动能转换的趋势

我国新旧动能转换已进入攻关期，其发展将呈现以下趋势。

一、推动新旧动能转换的分步走趋势

新旧动能转换在我国处于初始发展阶段，目前并没有系统成熟的经验，不可能一蹴而就，需要进行探索，特别是推动新旧动能转换的任务还十分艰巨，实现其目标需要进行较长时期的分阶段推进。

在新旧动能转换的初始阶段，需要做到规划先行，并在规划的基础上探索改造提升传统产业，化解过剩产能和淘汰落后产能，特别是在培育壮大新技术、新产业、新业态和新模式等方面初步形成可行有效的路径，主要还是基本完成化解过剩产能、淘汰落后产能的阶段性任务，取得一批可复制、可推广的新旧动能转换的做法和经验。

在新旧动能转换初始阶段之后，使新动能接续旧动能方面取得新进展，新旧动能转换的体制机制进一步完善，增强新旧动能转换的体制改革的系统性、整体性、协同性，政府更好发挥引导、扶持作用，为推进质量变革、动力变革和效率提升提供强力的制度和政策支撑，市场在资源特别是新生产要素配置中起决定性作用，基本建立推动新旧动能转换的制度体系和政策体系；研发经费支出占国内生产总值比重有明显的提高，创新能力全面增强，创新创业活力显著增强，初步具备创新发展的核心竞争力，自主创新在提高社会生产力和综合实力中的战略支撑作用更加凸显，创新创业生态更加优化，创新型国家建设再上新水平，创新型经济形态初步形成；融入经济全球化的程度进一步提高，国内国际市场深度融合，对内对外双向开放持续扩大，营商环境不断改善，贸易投资便利化程度显著提升，国内国际生产要素特别是新生产要素有序流动，资源配置效率进一步提高，开放型经济新优势日益显现，新旧动能转换潜力加速释放；不仅在传统产业改造提升方面取得明显进展，如将传统产业的重化工业、现代高效农业、文化产业、金融服务、旅游等做大做优，实现结构优化、提质增效，成为推动经济发展的重要动能，还以"四新"促"四化"取得新成效，新兴产业特别是战略性新兴产业加快培育，如人工智能产业、新一代信息技术、高端装备制造业、新能源汽车、新能源新材料、现代海洋产业、生物技术、医养健康产业等快

速成长，并在国内生产总值的比重每年都有明显提高，形成新的经济增长引擎，成为引领经济发展的主要动能，基本形成新动能主导经济发展的新格局，现代化经济体系建设取得重要阶段性新进展。

新旧动能转换的后期阶段，是在我国基本实现现代化之前完成新旧动能转换，推动新旧动能转换的体制机制得到系统性完善，要素投入尤其是新生产要素投入结构、传统产业结构和新兴产业结构、区域结构、所有制结构、企业组织结构等得到优化，建立起有活力和创新力的创新体系，形成有国际竞争力的企业集群和高端品牌，为基本实现社会主义现代化奠定坚实基础。

二、充分发挥科技作为第一推动力的趋势

在推动新旧动能转换中，人才是第一资源，创新特别是科技创新是第一推动力。

当今国际市场的竞争日趋激烈，并更多集中到新兴产业的竞争，国际企业的注意力越来越集中到中高端的竞争优势培育，以占领新兴产业的制高点，占据竞争的有利位置，控制产业的核心技术和标准，从而控制产业链和价值链，因而新兴产业中高端科技竞争将成为未来的焦点。可以说，谁拥有新兴产业的科技创新能力，掌握新兴产业中高端所需科技特别是关键核心技术，谁就能赢得新旧动能转换的主动权，并走在新旧动能转换的前列。我国新旧动能转换必将更加重视科技这一新生产要素的作用，把科技作为新旧动能转换的关键要素，并在新旧动能转换中补齐科技短板，突破尚未掌握的核心技术，突出解决诸如高端芯片、航空发动机制造等存在的科技短板，使我国企业站到新兴产业特别是战略性新兴产业的制高点。

三、充分发挥企业在新旧动能转换中主体作用的趋势

推动新旧动能转换企业是主体，也就是说企业的主体地位具有不可替代性。

企业将充分发挥在新旧动能转换中技术创新主体的作用。企业作为技术创新主体就应成为新旧动能转换第一推动力的载体，必然在创新中实现由被动变为主动、由不自觉到自觉的根本转变。

企业将发挥在新旧动能转换中研发投入主体的作用。研发投入对企业创新发挥基础性保障作用，特别是对掌握新技术、核心技术和关键核心技术将起到关键作用。对引进消化吸收再创新需要研发投入，对集成创新也需要研发投入，特别是对原创性创新更需要研发投入。我国企业目前在技术创新方面已实现"跟跑、并跑和领跑"，但领跑的行业或领域并不多，必然要求加大原创性创新的研发投入。

企业将发挥在新旧动能转换中成果转化主体的作用。在新旧动能转换过程中科技成果的转化极为重要，企业必然要担负起科技成果转化的重任。科技成果转化是实现将科技成果转化为现实生产力的关键一环，是打通科技成果转化为现实生产力的"最后一公里"的

重大工程，因此必然引起企业、政府和社会广泛的高度重视。

第三节　推动新旧动能转换的意义

推动新旧动能转换不仅关系当前，也关系长远；不仅关系某一区域，也关系国家发展的大局；不仅是经济问题，也是政治问题。也就是说推动新旧动能转换具有重大意义，主要表现在以下几方面：

一、推动新旧动能转换是贯彻落实新发展理念的要求

我国经济发展已进入新常态，经济由高速增长转向中高速增长，同时，经济向形态更高级、分工更复杂、结构更合理阶段演化，转向可持续的经济发展方式。在经济新常态下加速推进新旧动能转换，是贯彻落实新发展理念的要求。发展是解决我国一切问题的基础和关键，发展必须是科学发展，必须坚定不移贯彻创新、协调、绿色、开放、共享的发展理念。

以新发展理念为统领，新旧动能转换就会沿着正确的方向发展。发展理念是发展行动的先导，是管方向、管全局、管长远、管根本的东西，是发展方向、发展思路、发展着力点的集中体现。发展理念对了，就容易制定出相应的目标任务和政策举措，付出的努力就会事半功倍。创新已成为最显著的时代特征，是发展的第一动力，更是推动新旧动能转换的关键，也可以说创新是推动新旧动能转换的关键动力源。一项技术瓶颈的突破可以带来一个产品的质量飞跃，一项核心技术的攻克可以推动一个产业转型升级，一项关键核心技术的攻克可以推动一个企业打造出著名品牌。一个企业发展质量不高、竞争力不强、标志性品牌不多，其根本原因就在于创新能力不强。这也就要求全国各地各领域必须将创新作为推动新旧动能转换的第一抓手，在创新上找思路、找重点、找办法、寻出路，从而在新旧动能转换上走出新路。

新发展理念要求协调发展，就是实现辩证发展、系统发展、整体发展，解决发展不平衡问题，并要求重点促进城乡协调发展、区域协调发展、经济社会协调发展，新型工业化、信息化、城镇化、服务业现代化和农业现代化同步发展，国家硬实力与软实力协调发展。推动新旧动能转换贯彻协调发展的要求，可以有效解决我国发展中遇到的诸多问题，特别是存在的发展不平衡、不协调、不充分的问题，也就要求我们不仅要重点抓工业领域的新旧动能转换，还要抓农业新旧动能转换、服务业新旧动能转换，从而为各行业发展注入新动力，达到产业间的新协调发展、共同发展，培育经济新常态下的新经济增长点，打造出经济发展的新支点。这就有利于推动经济发展滞后的区域在新旧动能转换中走在全国的前列。

新发展理念要求实现绿色发展，也就要坚持节约资源和保护环境的基本国策，加快建设资源节约型、环境友好型社会，形成人与自然和谐发展的现代化建设新格局。而推动新旧动能转换也是贯彻绿色发展要求的关键一步。旧动能靠的是拼资源、廉价劳动力，依托的是高物耗、高能耗和高污染产业，以生态环境为代价换来了经济的增长，但这一发展方式的经济增长是不可持续的，如不转变或者说不推行新旧动能转换，经济发展就会走向衰落。

新发展理念要求实现开放发展，就是深度融入世界经济，积极参与全球经济治理，解决发展内外联动问题，发展更高层次的开放型经济，构建广泛的利益共同体。推动新旧动能转换要有开放的观念，要探寻开放创新，在开放中寻找发展的新动力，也就是培育新竞争优势、新经济增长点，在融入世界经济中持续发展。

新发展理念要求共享发展，强调坚持发展为了人民、发展依靠人民、发展成果由人民共享，朝着共同富裕方向稳步前进。推动新旧动能转换的根本动力是人民群众，创新发展要依靠人民群众，创新发展的成果也要惠及人民群众，也就是维护好、发展好、实现好人民群众的根本利益，也才能调动起人民群众参与创新发展的积极性、主动性和创新性，这才是抓住了推动新旧动能转换的根本动力源。

二、推动新旧动能转换，才能应对新的挑战

随着我国经济的增长，结构性矛盾日益突出，经济发展面临诸多挑战，突出表现为能耗、物耗增长过快，能耗、物耗的瓶颈约束日益增大，劳动力、土地、燃料等生产要素价格持续上升；环境污染日趋严重，环境承载力越显脆弱，也就必然要求从长期依靠资源要素的大规模投入向创新驱动、提效降耗的转变，也就是突出依靠新旧动能转换推动经济发展方式的根本转变。在优化经济结构、降低能耗、物耗、污染，保护环境，提高经济效益、社会效益和生态效益的基础上，从粗放经济增长向集约化增长转变，从外延型经济增长向内涵型经济增长转变，从过分重视速度和数量的增长转向速度质量效益的协调发展和质量效益型增长，实现经济与生态环境的协调发展、经济与科技进步的协调发展、经济与社会的协调可持续发展、人与自然的协调发展。同时，依靠新旧动能转换有效应对来自国内外的双重挑战。当前国内外经济形势发生着深刻变化，我国发展面临的机遇前所未有，挑战也前所未有，必须深刻把握战略机遇，积极应对复杂严峻的困难和挑战，在新一轮转型发展中赢得先机和主动。第一，目前一些发展中国家特别是周边国家依靠低廉的劳动力发展劳动密集型产业，对我国传统的劳动密集型产业形成严重冲击，我国劳动密集型产业竞争优势也在明显减弱，传统产业的转型升级势在必行。第二，发达国家依靠长期的技术、知识积累形成产业高端技术优势，掌握多产业核心竞争力，对我国进入产业中高端形成严重的排挤力。第三，创新正成为全球经济增长的新引擎，新一轮科技革命和产业变革加速孕育与迸发，特别是大数据、云计算、人工智能、生物技术、新材料技术、新能源技术等广泛渗透到各领域，正在引发国际产业分工深刻变化，重塑世界经济格局，导致主要发达国

家和新兴经济体纷纷调整发展战略，超前部署面向未来的创新行动，积极抢占发展制高点。如果不能迎头赶上新一轮科技革命和产业变革的新机遇，那么必然会导致落后和被动。第四，全球金融危机爆发以来，世界经济进入长周期深度调整阶段，深层次结构性矛盾集中显现，潜在增长率持续下降，面临诸多不确定性因素，依靠传统外贸带动经济增长的动力不足等，这使我国面临多重压力。冲破多重压力，必须通过新旧动能转换找出路，通过对传统产业的改造提升实现转型升级，从而摆脱过度对传统产业发展的依赖，以及为传统产业注入新动力和新能量，焕发出传统产业的活力和新竞争优势。同时，依靠新动能不仅推进新产业的发展壮大，更重要的是实现由新产业特别是战略性新兴产业由低端向产业高端移位、由生产一般产品转向生产名牌产品，在发展新技术、新产业、新业态、新模式、新品牌上实现重大突破。

三、推进新旧动能转换成为构建现代化经济体系的战略选择

党的十九大提出构建现代化经济体系的战略目标，要求"必须坚持质量第一、效益优先，以供给侧结构性改革为主线，推动经济发展质量变革、效率变革、动力变革，提高全要素生产率，着力加快建设实体经济、科技创新、现代金融、人力资源协同发展的产业体系，着力构建市场机制有效、微观主体有活力、宏观调控有度的经济体制，不断增强我国经济创新力和竞争力"。并要求深化供给侧结构性改革，加快建设创新型国家，实施乡村振兴战略，实施区域协调发展战略，加快国有经济布局优化、结构调整、战略性重组，促进国有资本保值增值，推动国有资本做强做优做大，推动形成全面开放新格局等，这些都离不开新旧动能转换。

第四节 推动新旧动能转换的原则

推动新旧动能转换是一项复杂工程，发展中会受到多种因素的制约，特别会受到一些不确定因素的影响，为避免走弯路，推动新旧动能转换应遵循以下原则：

一、坚持新发展理念统领的原则

"发展是解决我国一切问题的基础和关键，发展必须是科学发展，必须坚定不移贯彻创新、协调、绿色、开放、共享的发展理念。"这是对新时代怎样坚持和发展中国特色社会主义的规律自觉认识和正确把握的体现，各项工作都应以新发展理念为统领，推动新旧动能转换也必须以新发展理念为引领，体现出创新、协调、绿色、开放、共享新发展理念的要求。

二、注重统筹原则

推动新旧动能转换应坚持系统思维，将谋划推进新旧动能转换重大工程贯穿经济社会发展的各方面，统筹近期与远期目标，统筹传统产业和新兴产业协调发展，统筹城乡区域协调平衡发展，统筹把握产业、文化、民生和社会事业等各领域，统筹运用出口、投资、消费和改革、开放、创新等发展动力，统筹推进项目、平台、试验区、园区建设布局，统筹新技术、新产业、新业态、新模式、新品牌的培育等，形成区域乃至全国集中统一推进的合力。

三、坚持市场导向原则

推动新旧动能转换应坚持市场导向原则。在现代市场经济条件下推动新旧动能转换应以市场为导向，无论是发展传统产业还是新兴产业，都不应是为发展而发展，而应根据市场供求推动传统产业和新兴产业的发展，使产能、产品结构、产品品质等与市场需求相适应，避免传统产业和新兴产业的盲目发展。

我国在经历了长期的改革开放后，建立起了社会主义市场经济体制，市场在资源配置中起着决定性的作用，无论是对原有土地、劳动力、资本等生产要素的配置，还是对技术、知识、信息和数据等新生产要素的配置，都由市场发挥配置的决定性作用，而政府应为市场对技术、知识、信息和数据等新生产要素的配置创造必要的环境，如建立完善的现代市场体系，这有利于技术、知识、信息和数据等新生产要素的流动与高效配置。

四、坚持对接联动原则

推动新旧动能转换是巨大的系统工程，需要社会各方的参与，并要避免各自为战。

要做到全国一盘棋，区域和地方要按照国家对推动新旧动能转换的整体要求实行联动，结合本区域或地方的实际将宏观规划和要求落地，实际上也是一个具体化的创新过程。各地方有关部门、单位要与大经济区、经济带以及省、市新旧动能转换的规划或实施方案对接，形成对接联动机制，紧密结合本地实际，落实部门责任，分头分类搞好对接联动，全面抓好各级各部门的推进规划，既充分发挥地方各部门和基层的积极性、主动性和创造性，又目标一致、步调一致、有序实施，形成集中统一推进的向心力、联动力。

坚持企教研对接联动。高校科研单位不能为教而教、为研而研，在推动新旧动能转换中教学科研都应与企业所需直接对接，既要进行超前性教学和科研，又要根据企业所需进行教学科研活动，针对企业需要的新技术等开展科研活动，避免生产与科研"两张皮"现象；要注重培养企业所需的推动新旧动能转换的人才，包括创新创业人才、必要的人才储备等。在对接联动中还应推进新旧动能转换行业公共实训基地建设。由于高技术和高技能人才在推动新旧动能转换过程中发挥着重要作用，是企业创新发展、转型升级的中坚力量，因而加快培养合格的创新型、技能型、实用型人才显得极为迫切。这就需要加快推进新旧动能转换行业公共实训基地建设。要以促进就业创业、提高院校学生和企业职工的技术、技能为目标，充分整合企业、高等院校现有实训资源，因地制宜建立新旧动能转换行业公共实训基地，大力培养具有工匠精神的高技术、高技能人才，为推进制造业技术升级、质量升级、产业演进升级，实现从量到质、由大到强转变，为推进我国新旧动能转换提供人才保障。在推进新旧动能转换行业公共实训基地建设中，应组织合作单位共同参与基地日常运行，起到提高企业职工和院校学生技能、提高研发水平、促进就业创业的作用。高校应组织强化在实训基地的师资力量，企业要加大研发投入，促进研究成果落地，积极吸纳高校毕业生就业，达到共同发展、合作共赢。同时，应突出实训基地的公益性、示范性和开放性，要把实训基地建设成一个开放性的平台，在满足企业和高校实训需要的前提下，积极承接社会公益性项目，并展示出应有的示范性效应。

五、坚持经济效益、社会效益和生态效益统一原则

推动新旧动能转换应坚持经济效益、社会效益和生态效益的统一，要求把由单纯追求经济发展速度、经济规模和经济效益的观念转变到追求经济效益、社会效益和生态效益高度统一上来，注重速度、质量和效益的统一，以能源资源的低消耗实现高产出。动能转换不应以生态环境的破坏为代价，应减少区域间、行业间重复投资、过度竞争、内耗过大现象，减轻能源资源和环境约束带来的巨大压力，将有限的资源进行合理高效的配置，从而培育出更多的新兴产业，并使企业在更多产业链的低端和高端形成双重竞争优势，并提升吸纳就业的能力，在实现经济效益的基础上获取较高的社会效益和生态效益。

六、层次性原则

新旧动能转换是纷繁复杂的，但也有其层次性，有规律可循，因而推动新旧动能转换应遵循其层次性特性，重视整体与层次、层次与层次之间的相互联系、相互作用关系。推动新旧动能转换应充分考虑到有先有后、有重点、有步骤地加以推进，要抓重点行业、重点区域、重点基地、重点项目、重点企业、重点技术、重点业态、重点品牌等建设，并形成不同的层次特点，以及不同的层次发展时序，从而抓出新旧动能转换的成效。

第五节 推动新旧动能转换的任务和目的

推动新旧动能转换是我国经过四十多年改革开放后面临的挑战，而明确新旧动能转换的任务并达到其目的，就有利于推动新旧动能转换获得理想的效果。

一、推动新旧动能转换的任务

各地各部门的具体情况不同，推动新旧动能转换的具体任务也就不同。各地各部门之

间不能相互照搬任务,要结合本地本部门的实际,科学制定具体推动新旧动能转换的任务。这样推动新旧动能转换的任务才能得以执行完成。

在推动新旧动能转换进程中先行先试的区域具有特殊的任务,要围绕国家赋予的试验方向和重点任务,强化责任担当,深化改革创新,提高创业创新服务效率,不断总结出可复制可推广的模式,为全国新旧动能转换提供可借鉴的经验。一是积极探索优化存量资源配置的动能转换路径,强化科技成果加速转化应用机制,探索出创新新技术新业态和改造提升传统产业的模式;深化供给侧结构性改革,促进知识、技术、信息、数据等新生产要素合理流动、有效集聚,为去产能和扩大优质增量供给、振兴实体经济提供示范。二是探索建立创新引领新旧动能转换的体制机制,调整相关政策和制度安排,强化支撑保障机制建设,通过构建统筹协调的组织支撑、优化金融支持体系、完善采购和强化统计调查支撑等支持新技术应用的政策体系。进一步提高行政审批服务效能,探索包容创新的审慎监管制度,完善风险管控体系,构建多方参与的治理体系,协同推进理论创新、制度创新、科技创新、文化创新、管理创新,更好服务新产业新业态健康发展,为构建有利于创新创业的体制机制制度环境提供示范。三是探索以全面开放促进新动能快速成长的动能转换模式,形成全方位、全要素、宽领域开放新格局,为发展更高层次开放型经济提供示范;四是探索产业发展与生态环境保护协调推进模式,构建绿色低碳循环发展的经济体系,为形成绿色发展动能提供示范。五是探索落实国家战略新举措,如落实海洋强国建设、乡村振兴、军民融合发展等国家重大战略,放大国家战略集成效应,为形成战略实施合力提供示范,等等。

二、推动新旧动能转换的目的

推动新旧动能转换具有很强的目的性,也就是说不仅仅为推动新旧动能转换而推动新旧动能转换,其直接目的就是为了企业提质增效,进一步优化产业结构,转变经济发展方式,保持经济中高速增长,加速全面建成小康社会;其根本目的是满足人民对美好生活的需要。

第二章　强化新旧动能转换规划的引领作用

第一节　强化新旧动能转换规划引领的必要性

强化新旧动能转换规划引领的必要性表现为以下几方面：

一、新旧动能转换规划是推动新旧动能转换的必要前提

新旧动能转换规划是组织制订的比较全面长远的新旧动能接续转换计划，是对国家或区域未来新旧动能转换整体性、长期性问题的考量，设计新旧动能转换行动的整体方案，创设出新旧动能接续转换的愿景，具有综合性、系统性、时间性和强制性等特点。而市场机制对新旧动能转换也会产生引导作用，但由于市场竞争所具有的趋利性，对诸如去产能、去杠杆、降能耗物耗，以及新动能产业在区域间的合理布局等要求反应滞后，甚至有其局限性，这就需要规划从宏观层面引领新旧动能转换，以弥补市场调节的不足或缺陷。

二、实践需要新旧动能转换规划的引导

制订新旧动能转换规划是实践中提出的要求。在对多地 100 多位基层领导干部的调查中发现，基层希望上级进行顶层设计，期待形成区域特别是省域统一规划的引领。不仅省域应有统一的规划，各市地都应以省级规划为引领，根据本地实际，以世界眼光、国际标准、独具竞争优势的要求制订出实施省域新旧动能转换规划的具体方案，体现出各自的特色，新产业发展的着力点，形成新业态的突破口，创新模式的侧重点，建立新品牌的主攻方向，构建新核心竞争力和竞争优势的战略支点等，避免各市地县间跟风、模仿、重复投资建设等。

当省域制订推动新旧动能转换的规划时，必然会依据国家对推动新旧动能转换的总体要求、指导思想、目标任务、整体布局等来谋划本省域的新旧动能转换，从而形成全国推动新旧动能转换"一盘棋"，使区域经济和产业布局在新旧动能转换中既实现"新"又达到合理化，使不同的新生产要素在不同的区域或产业实现差异化的高效配置。在省域内，形成推动新旧动能转换的规划，才能为新生产要素向省域的聚集创造良好的环境条件，同时为省域新旧动能转换明确方向，确定目标任务，引领新产业布局，使各地市县明晰发展战略和发展重点，体现出各地市县新旧动能转换的差异化特点，形成更优更特更强的产业，特别是新兴产业、新产业集群、新品牌、新竞争优势，从而有效避免推动新旧动能转换的

盲目性、无序性、过度投资和重复投资等弊端。

第二节 新旧动能转换规划的原则和目标

制订新旧动能转换规划必须坚持正确的原则，并在坚持新旧动能转换规划原则的基础上确定新旧动能转换规划的目标，从而为新旧动能转换提供可遵循的依据。

一、新旧动能转换规划的原则

制订新旧动能转换规划应遵循以下原则：

（一）以新发展理念引领新旧动能转换规划的原则

制订新旧动能转换规划必须以新发展理念为统领，把提高现代供给能力、供给体系质量和效率作为主攻方向，围绕产业结构优化—升级、高质量发展、区域协调发展和均衡发展、实现绿色经济发展、保持经济中高速增长和建设现代化经济体系的要求推进新旧动能转换。

（二）从实际出发，有重点推进新旧动能转换的原则

由于我国各地在环境条件、自然资源、经济基础、历史沿革、拥有新生产要素状况等方面存在巨大差异，因而应遵循国家发展战略，从各地的实际出发，以市场为导向来制订新旧动能转换规划，避免各地不切实际地通过重复建设、重复投资发展相同产业和相同项目，从而避免造成新的产业过剩现象。各地应从产业基础、环境条件、拥有资源状况等改造提升特色传统产业、培育特色新兴优势产业，特别是产业集群，在差异化发展中培育出新竞争优势，实现有限资源配置的合理化、高效化和长效化。

（三）实现局部利益与整体利益相统一的原则

这一原则也是全局性原则，是推动新旧动能转换必须坚持的原则。因为新旧动能转换要舍弃一些传统产业，特别是对高能耗、高物耗、高污染产业要限制、要降低，要去杠杆等，同时也要扶持发展新兴产业，这势必要触动一些部门、地区和企业的利益。局部利益与全局利益不相统一，对此只有坚持局部利益与整体利益相统一的原则，才能正确处理局部利益与整体利益、近期利益与长远利益的关系，使各类规划与国家发展战略统一起来，并调动起各方面的积极性。

（四）实现经济效益、社会效益和生态效益相统一的原则

区域性新旧动能转换规划的直接目的是为了获取区域或部门的经济利益，通过规划调整区域经济结构，发展新兴产业，改造提升传统产业等都是为了区域经济发展，获取尽可能高的经济效益。但仅局限于为获取经济效益是不够的，区域性新旧动能转换规划应坚持经济效益、社会效益和生态效益相统一，在获取经济效益的同时也不轻视社会效益和生态效益，也才能在推动区域经济增长的同时实现我国经济的绿色发展、可持续发展。

二、新旧动能转换规划的目标

确立新旧动能转换规划的目标是新旧动能转换所要达到的境地，指明推动新旧动能转换的努力方向和实现的程度。

我国对新旧动能转换的目标也有明确的要求，国务院办公厅印发的《关于创新管理优化服务培育壮大经济发展新动能加快新旧动能接续转换的意见》中提出："通过一段时间努力，以分享经济、信息经济、生物经济、绿色经济、创意经济、智能制造经济为阶段性重点的新兴经济业态逐步成为新的增长引擎。制造业新模式、农业新业态、服务业新领域得到拓展深化，产品和服务价值链大幅提升，传统动能焕发新活力。新旧动能实现平稳接续、协同发力，资源配置效率和全要素生产率大幅提升，实体经济发展质量和核心竞争力显著提高，支撑经济保持中高速增长、迈向中高端水平，在全球范围内优化配置创新资源，在更高水平上开展对外合作，新的经济发展动力得到强化，新的经济结构和增长格局逐步形成"。这些目标的确立为各区域制定新旧动能转换规划的目标提供了重要依据。

第三节　新旧动能转换规划的内容与方法

一、新旧动能转换规划的内容

新旧动能转换规划涉及的内容主要包括：明确新旧动能转换的指导原则、战略布局、目标、先行区和综合试验区、新动能产业聚集区、新动能重点产业和产业集群、新动能领军企业、新动能重大项目、新动能关键核心技术、新动能关键人才的引进与培养、新动能发展模式、传统动能改造升级、保障改善民生等发展要求，重点建立促进新旧动能转换的创新环境、新技术体系、新产业和新业态体系、产业中高端品牌体系、新政策体系，以及专项规划等。

（一）明确推动新旧动能转换的指导思想

制订新旧动能转换规划的指导思想是新旧动能转换规划的指南，是制订新旧动能转换规划的理论基础和重要依据。制订新旧动能转换规划的指导思想是以习近平新时代中国特色社会主义思想为指导，坚持创新、协调、绿色、开放、共享发展理念的引领，以供给侧结构性改革为主线，以提高发展质量和效益为中心，以知识、技术、信息、数据等新生产要素为支撑，以新技术、新产业、新业态、新模式为核心，促进产业智慧化、智慧产业化、跨界融合化、品牌高端化，有效改造提升传统产业，发展壮大新兴产业，着力建设实体经济、科技创新、现代金融、人力资源协同发展的产业体系，推动经济发展质量变革、效率变革、动力变革，提高全要素生产率，加快建设现代化经济体系，扩大有效供给，满足有效需求。

（二）科学谋划发展布局

新旧动能转换布局需要解决区域范围、定位和功能作用等问题。在编制新旧动能转换规划过程中，确定布局应因地制宜、扬长避短，做到充分考虑区位优势、产业基础、潜在优势；既要突出重点，又要统筹兼顾。

（三）确立主攻方向

推动新旧动能转换须有明确的主攻方向，无论从经济带、经济区域，还是从省域、市域、县域等制订新旧动能转换规划都必须确立主攻方向。确立主攻方向要把握全球科技革命和产业变革趋势，紧紧围绕以知识、技术、信息、数据、人才等新生产要素为支撑，以新技术、新产业、新业态、新模式为核心，促进产业智慧化、智慧产业化、跨界融合化、品牌高端化，有效改造提升传统产业，发展壮大新兴产业的要求，推动新技术异军突起、新产业培育壮大、新业态层出迭现、新模式蓬勃涌现，培育出新的经济增长点，形成引领支撑经济发展的强大动能。

1. 将发展新技术作为关键的主攻方向

各区域制订新旧动能转换规划都应将发展新技术作为重要的主攻方向，明确应重点发展哪些新技术以实现对传统产业的改造提升，尤其是发展壮大新兴产业。由于各区域重点发展的产业和领域不同，因而必然要把影响重点产业发展的核心技术特别是关键核心技术、颠覆性技术作为突破口，并以创造必要的环境条件、吸引和培养关键的人才群体、必要的资金投入等加以持续推进，这样才能打造出新技术优势，从而打造出带动产业竞争优势、新经济增长点形成的新动能。

2. 将推进产业智慧化、智慧产业化、跨界融合化、品牌高端化作为重要主攻方向

（1）要有效推进产业智慧化，在改造提升传统产业中形成新动能

引导区域和企业运用新技术、新管理、新业态、新模式，以跟跑、并跑到领跑国际标准的视野，推动传统产业腾笼换鸟、凤凰涅槃、浴火重生，加快传统产业数字化、网络化和智能化建设，通过充分利用信息通信技术和网络，推动制造业向智能化转型、农业和服

务业向智慧化发展，提升全产业智慧化水平，促进"有中出新"，全面提高工艺装备、产品技术和能效标准水平，实现产业链、价值链和供应链的整体跃升，着力打造世界级产业集群，实现传统产业转型升级，提质增效，将传统产业培育成重要的新动能。

（2）引领智慧产业化

当今优先发展智慧经济、信息经济已成为世界各国抢占未来产业竞争制高点的战略选择。要通过推动智慧产业化来发展智慧经济，瞄准世界科技前沿，抢先占领创新型经济制高点、知识型经济制高点，重点聚焦大数据、云平台、人工智能、物联网、车联网、集成电路、高端软件、生命科学、量子技术、虚拟现实、智慧生活等领域，加速知识、技术、信息、创意等向优势产业转化，在区域内打造一批特色战略性新兴产业、特色集聚区、特色项目和特色产业集群，并衍生出新业态新模式，实现"无中生有"，填补产业链、价值链和供应链的断点和空白领域，实现新兴产业扩规模上高端，打造出新经济亮点。

（3）推进跨界融合化，加快跨界产业和细分行业、领域的前瞻布局

新时代随着新需求驱动，依托新科技和新平台，产业边界日趋模糊，新旧要素资源和产业相互渗透、融合，跨界融合已成为新一轮产业转型升级的大趋势，不断促进产业价值链、供应链的延伸或突破。因而新旧动能转换规划应顺应跨界融合趋势，加快推动产业融合，大力发展跨界产业，努力赢得产业转型升级的先机和主动权。要引导制造业与互联网融合、先进制造业与服务业融合，如发展环境产业，因为环境产业既是制造业（节能新材料研发、新能源推广、实现生态修复），也是服务业，既属于日常消费领域，也属于公共服务领域，体现出跨界融合的特点；发展壮大农业"新六产"，培植出农村第一、二、三产业融合的新型业态，推动农产品加工业、农业服务业等全产业链条的融合发展，使农业全环节升级、全链条升值；促进旅游业与上下游产业融合、产城融合、军民融合，推动产业在交叉渗透中升级增效，不断衍生新产业、新业态、新模式，拓展经济发展新空间，挖掘出跨界融合的新潜能。同时，通过规划推动深化政府自身的改革，提高服务和监管水平，努力营造促进跨界融合发展的体制机制制度环境。

（4）促进品牌高端化

将品牌战略纳入新旧动能转换规划，将建设名牌强国作为经济强国建设的重要突破口和战略支撑点。现代市场经济是品牌经济，现代市场竞争是品牌的竞争，培育出名牌竞争优势也就拥有了供给侧优势，也才会持久地吸引消费、引领消费。应制订建设名牌强国的中长期规划，用中长期规划引领名牌建设，在越来越多的行业打造出高端品牌。名牌建设的中长期规划应明确我国名牌建设的总体思路、总目标、名牌体系（包括农业名牌、制造业名牌、建筑业名牌、服务业名牌；中国名牌、国际名牌；产业中高端名牌；价值链中高端名牌等）、名牌建设的重点（包括先进制造业名牌、战略性新兴产业名牌、产业中高端

名牌等，以及根据基础条件分批次筛选应重点培育的中国名牌、世界名牌）和步骤、支持名牌建设的重大举措等。建设名牌强国的视野应把培育国际名牌放在重中之重。建设国际名牌不是一朝一夕就能实现的，通常需要多年甚至几十年的努力。我国企业打造国际名牌要实施分步走战略：一要坚持产品标准的国际化。高质量的产品是获取国际市场认可和国外消费者信任的关键。企业制定的产品质量标准不仅要达到国际标准，甚至应超过国际标准，同时产品应争取获得国际质量管理体系和产品质量保证体系的认证。二是重视在国外注册商标，实现商标的国际化。三是学会到国际资本市场融资，也把我国名牌带到国际投资者面前，并借助国际投资者推广名牌。四是敢于和善于到国外去建立研发体系和市场营销网络，树立我国名牌在国外政府、经销商和消费者心中的良好形象。

促进品牌高端化，应重视加大政府的扶持力度，尤其是创造充分的竞争环境以利于企业自觉通过培育名牌参与市场竞争；应尽快建立中国名牌数据库；对获得国家级以上名牌称号的企业，应在设立融资的绿色通道、项目贷款的财政贴息、扶持优先上市、科研立项、技改、先进技术设备的引进、各类工程招投标加分、政府制定产品采购目录、知识产权保护等方面给予必要的支持和激励。引导企业利用品牌进行资源整合，推进企业实施品牌扩张战略，延长品牌产业链，推动企业进行跨行业、跨地区生产运营。要通过制定和实施品牌战略，打造一批国内外知名的产品、企业、行业和品牌，全面提升发展质量和效益，更多地获取高端品牌价值。

（四）新旧动能转换规划的主要目标及实施的步骤

新旧动能转换规划的取向应落到新旧动能转换的目标。新旧动能转换规划要引领改造提升传统产业，发展壮大新兴产业特别是战略性新兴产业，最终形成新动能主导经济发展的新格局，确立起很强的经济质量优势，经济效益显著提高，建成现代化经济体系。

实现新旧动能转换规划的目标应有步骤地推进。在初始阶段，经过几年的发展，使新技术、新产业、新业态、新模式推动形成的新经济增加值占比年均有明显的提高，体现在加快培育新兴产业，新兴产业的增加值占比高、结构优化、质量较高，同时传统产业也能得到较快的改造提升，并有效化解过剩产能；创新创业生态更加优化，创新能力全面增强，创新型国家建设再上新水平，创新型经济形态初步形成；新旧动能转换体制机制制度全面建立，为推进动力变革、质量变革、效率变革提供有力的体制机制制度支撑；开放型经济新优势基本形成，市场深度融合，营商环境显著改善，贸易投资便利化程度显著提升，新生产要素有序流动，市场在资源配置中起决定性作用，国际竞争合作能力大幅提高；生态环境全面改善，人与自然和谐发展新格局基本形成，基本形成新动能主导经济发展的新格局，经济质量优势显著增强，现代化经济体系建设取得重大进展。进入中期阶段，也就是再经过几年的发展，要基本完成新旧动能接续转换，新动能发展作用所需的体制机制制度系统完备、运转高效，新生产要素对经济增长起到重要的支撑作用，新技术、新产业、新业态、新模式推动形成的新经济成为主导经济发展的力量。到后期阶段亦即2035年我国基本实现现代化时，形成具有国际竞争优势的创新能力，由制造大国变为制造强国，经济实力大幅跃升，形成了以人为本的经济发展模式，生态环境优美，并加速走向共同富裕。

为反映新旧动能转换的程度，还要构建新旧动能转换的评价指标体系，包括反映质量效益的指标、创新发展的指标、对外开放的指标、环保和民生的指标等，并应将依据评价指标考核的结果进行延伸运用，形成激励和约束机制，对推动新旧动能转换产生共振效应。

二、新旧动能转换的方法

（一）用创新推动新旧动能转换

我国经济发展已进入由高速增长向中高速增长、从要素驱动和投资驱动向创新驱动转变的新阶段。经济新常态下，我国经济结构和经济发展方式发生着深刻的变化，经济发展亟须适应新常态，寻求新动能。而推动新旧动能转换的关键在于创新，必须重视运用创新推动新旧动能转换。

创新是人类思想认识活动产生的结果，是人们在遵循事物发展规律基础上破除常规地利用现有的知识和物质，为认识世界或为满足社会需求而改进或创造出一个前所未有的事物、元素、手段、方法、思路、路径、环境等，并能获得有益成效的行为。创新也就意味着创造了原来没有的新东西，或者意味着将对原有的东西进行改造和发展，以及把本来存在的一个事物将它更新或者造出一个新事物来取而代之。创新是人类特有的认识能力和实践能力，是人类发挥主观能动性的特殊表现，是推动民族进步和社会发展的不竭动力。

多年来，随着创新理论研究的深入与发展，学术界提出了一系列新的创新概念，诸如全员创新、系统创新、全面创新、全时创新、组合创新、用户创新、持续创新等，使创新理论不断得到丰富和发展。同时，还与现实紧密联系提出了体制创新、机制创新、制度创新、管理创新、供给侧创新等，也可以说创新已成为推动现代经济社会发展的主旋律。

回顾历史可以看出，近代中国之所以逐渐沦为半殖民地半封建社会，是由多种原因造成的，其中一个很重要的原因就是与科技革命失之交臂，科技创新受到严重束缚。同处一个时代，由于科技创新能力不同，会分化出差距巨大的不同社会。有的国家在科技创新中用上了热兵器，进入热兵器时代；而有的国家还拿着古老的冷兵器，这是非常大的差距，就处在不利的地位，在战争中就要付出巨大的代价。故步自封，忽视科技创新，就会造成落后，而落后就会挨打。

我国经济发展已进入新常态，迫切需要发挥创新的引领作用，特别是发挥科技创新在全面创新中的核心引领作用。经济发展新常态的基本特征是速度变换、结构优化、动力转换,其中又以动力转换最为关键。过去主要靠大规模传统要素投入驱动的发展模式出现了动力不足、质量不高、效益不好、不可持续等问题。现在看出路只有一条,那就是牢牢抓住创新这个"牛鼻子",尤其是抓住科技创新这个核心动力源,就能带动全面创新,推动经济发展真正转到依靠以科技创新为核心的创新发展轨道。

从微观看,企业作为推动新旧动能转换的主体,其创新具有决定性的意义。在竞争中我国产业能否移位中高端,关键在于企业的创新能力和创新成效。在创新中创出核心技术尤其是关键核心技术,以及将大数据、云计算、人工智能等运用于制造业、服务业和农业,从而摆脱企业长期在竞争中跟跑的状况,尽快实现并跑进而领跑;由制造工厂的一员变为能够制定标准、提供技术的一员;由局限于生产普通产品变为生产中国品牌产品和世界品牌产品;由仅生产低附加值产品变为生产高附加值产品。同时,通过各地区、各领域、各产业企业的创新发展,解决各地区、各领域、各产业发展中的短板,尤其是区域间、产业间发展的不平衡不充分问题,达到全面振兴区域经济、培育出产业竞争优势、实现协调可持续发展的目标。

推动创新特别是科技创新,将会带来经济社会的巨大变革,也成为国际竞争的主战场。科技创新不仅会带来科技领域的颠覆性革命,创造惊人的经济奇迹,也会深刻改变生产关系和社会结构,带来思想观念、思维方式的巨变。当今世界,无论是发达国家,还是发展中国家都非常重视创新驱动战略。谁的科技创新居于主导地位,谁就能在国际竞争中掌控竞争制高点,赢得竞争的话语权、主动权。在我国,自党的十八大以来,自主创新能力显著增强,科技整体水平已步入以跟踪为主转向跟跑、并跑和领跑并存的发展新阶段,基础研究国际影响力大幅提升,战略高技术水平显著提高,创新型国家建设迈上了新台阶,从而增强了我国的国际影响力,但我国的创新特别是科技创新永远不能停滞,应走在世界的前列。

以创新加快推进新旧动能转换,应采取正确的路径。

第一,推进创新必须先从转变观念开始。要引导创新主体企业、广大领导干部、高校院所转变传统发展观念,树立创新理念,促使企业由维持规模和发展速度转向追求掌握产业中高端核心技术、质量和效益的新观念;地方和部门的领导干部要由科技成果的统计者变为服务者,重视创建创新环境,完善扶持政策,建立与完善科技市场等;高校院所应树立加快科研成果转移转化,并为企业提供解决科技难题方案的新观念。需要通过强化宣传、教育、培训等途径推动企业家、广大领导干部、高校院所科技工作者牢固树立创新理念。

第二,要用好市场导向和规划的引领作用,在国家层面和区域层面都应重视制订创新规划以推进新旧动能转换。而且放到深化改革开放、经济全球化、国情以及区情不同的环境和基础上制订切合实际的、有全局性和前瞻性的创新规划,也包括制订以创新促新旧动能转换的专项规划等，弥补市场导向的不足，以获取创新规划对推进新旧动能转换的最大成效，走出有中国特色的以创新规划推进新旧动能转换的发展道路。省域或县域等还应考虑加紧制订新旧动能转换中的创新行动计划，使创新工作明确方向，拥有抓手。如创建创新环境行动计划；加大研发投入，建设发明专利强省或强县的行动计划；推动重点产业创新发展、重大创新项目实施计划；推进创新中心工程建设行动计划；推进各类企业创新行动计划；等等。

第三，确立创新型人才支撑新旧动能转换的战略地位，形成创新型人才体系。在推动新旧动能转换中无论是改造提升传统产业、发展壮大新兴产业，还是以"四新"促"四化"（即以新技术、新产业、新业态、新模式促产业智慧化、智慧产业化、跨界融合化、品牌高端化），都离不开创新，而创新就需要创新型人才，一切创新成果都是人尤其是人才做出来的，谁拥有了一流创新人才和一流科学家，谁就能在科技创新中占据优势。特别是当今世界科技创新已进入空前密集活跃期，新一轮科技革命和产业变革正在重构全球创新格局和全球经济格局，云计算、大数据、人工智能、智能机器人、物联网、量子通信等新技术新产业新领域都急切需要大量的专业的高科技人才，激发激活他们创新创业的聪明才智，率先发展"人才经济"，打造出各产业的全球创新企业，才能把握住这千载难逢的历史机遇。这就需要确立起创新型人才支撑新旧动能转换的战略地位，在推动新旧动能转换中聚集人才，也就要求各级政府各个组织要在创新实践中拿出识才的慧眼、求才的渴望、爱才的诚意、用才的胆识、容才的雅量，在新旧动能转换的创新活动中发现人才、凝聚人才、培养人才，并建立健全科学的选人用人机制和人才评价标准，创建良好的用人导向和制度环境，把吸引和培养人才特别是国际顶尖人才、院士、千人计划、行业领军人才和团队放在极其重要的战略位置，形成最具吸引力的人才政策和环境，打造出有特色的吸引和培养人才的高地，并通过引进或培养出一个领军型人才（团队）带起一个有竞争优势的行业。要建立我国创新型人才库，掌握传统产业和新兴产业特别是战略性新兴产业的人才结构及需求趋势，为吸引和培养人才提供依据。

第四，强化创新中心体系建设。应以强化创新中心体系建设搭建起产业中高端创新平台，凝聚各类人才，并带动一大批拥有高新技术的创新项目落地，加速产业创新基地和园区建设，培育出新产业集群，打造出新品牌和新产业竞争优势。各区域都应结合本地实际推进创新中心工程建设。应考虑重点推进的创新中心：①人工智能创新中心（重点推进智能家居、智能汽车、智能机器人、智能可穿戴设备、智能物流、智能电网、智能交通、智慧农业、智慧海洋、智慧健康养老、智能安防等创新中心建设），培育出示范标杆企业；②高端化工创新中心；③海洋工程装备创新中心；④生物医药创新中心；⑤精准医疗创新中心；⑥农业种子创新中心；⑦农产品深加工创新中心；⑧不使用化肥和农药的农作物优质高产种植创新中心；⑨海洋生物产业创新中心；⑩旅游与工农业、健康养老产业融合创新中心；⑪中外合作新技术创新中心；⑫军民融合创新中心；等等。

第五，充分发挥企业在推进新旧动能转换中的创新主体作用。在推动新旧动能转换中将传统产业变为朝阳产业，将新兴产业尤其是战略性新兴产业做大做优做强，并走向品牌高端化，其根本路径是掌握新技术特别是核心技术，缺少新技术特别是核心技术企业做得再大也不会强，也不会做成世界知名品牌，也不可能占据产业竞争的制高点，更不可能跃上价值链高端。也就是说企业做大做优做强之道在于创新，特别是发挥出人才的创新作用。

企业发挥创新主体作用，要有国际标准、世界眼光、世界领先的大视野，并踏踏实实地去推进创新，要对标全球创新企业100强找不足，要在技术创新上积蓄能量、韬光养晦。

一是要将企业打造成开放的创新平台，树立"创新之道唯在得人"的理念，在创新中凝聚人才，聚天下英才而用之，为企业振兴奠定坚实的人才基础；要用慧眼去发现、引进先进的科技成果，并转化为企业的新竞争优势；鼓励企业开展"双创"，围绕管理、机制、制度、效率、新工艺、新设备、新业态、新产品等进行创新，使越来越多的企业成为创客的新平台。

二是要推动企业特别是规模以上企业开展创新活动，改变多数企业缺少创新活动的状况；要推动越来越多的企业建立研发中心，特别是有条件的企业应建立国家级创新中心和研发中心，努力提高研发投入强度，提升由企业主导的研发经费占总研发经费的比例，提高创新能力，在获取专利申请量、专利授权率、核心科技专利等方面不断实现新突破，极大提高专利申请的质量。

三是拥有关键核心技术或著名品牌的企业应重视利用自身优势进行产业链布局，吸引全球相关企业、投资者和研发机构与其进行合作创新，以培育出新产业集群，打造拥有话语权、主导权的产业链、价值链、供应链。

四是重视围绕改变生产方式、生活方式甚至全球经济的重大关键性技术、新兴颠覆性技术进行创新。如人工智能、移动互联网、物联网、云计算、大数据、量子信息技术、机器人（工业机器人、医疗健康机器人、家政服务机器人、金融服务机器人等）、3D打印技术、新材料技术、新能源、能源存储技术、非常规油气勘采、资源再利用、生物科技、自动化交通、环境保护等新兴领域，需要企业进行持续性创新，以不断实现技术突破，并掌握关键核心技术，形成中国特色新技术体系，占领世界技术的制高点。

要制定推动企业创新的政策和良好环境，为企业创新注入动力。一是鼓励国有企业和民营企业与高校院所开展长期合作，打造校院所企技术联盟等，整合科技资源为企业技术创新服务，建立起企业自主创新的基础支撑平台。二是对重大专项和科技计划中有产业化前景的重大项目，优先支持由企业与高校院所联合承担，或有条件的企业集团、企业联盟牵头承担，建立以企业为主体、产学研用结合的项目实施新机制。三是运用财税政策和金融政策鼓励企业特别是大中型企业积极开展创新活动，应在设立融资的绿色通道、财政扶持资金、扶持优先上市、科研立项、先进技术设备的引进、政府制定产品采购目录等方面给予必要的支持和激励。四是扶持对小微企业的孵化与培育提升。充分发挥各地孵化器建设专项资金的引导作用，以及吸引社会资本参与孵化器建设。五是构建良好的创新生态环境，将创新精神、企业家精神、工匠精神有机结合起来；建立规范公平的竞争环境，增强企业创新的外在压力和内在动力，特别是建立有力的市场监管制度，建立有效的知识产权保护制度，打破不合理的垄断格局，真正营造出市场竞争主体愿意创新、能够创新、推动创新的良好生态系统，激发市场竞争主体的创新活力和创造力。

（二）建立和完善推动新旧动能转换的体制

推动新旧动能转换是经济发展动力的重大转变，也是在经济发展中产生的新经济现象，而新旧动能的深度转换必然要求经济体制的深化改革，并通过深化经济体制改革为新旧动能转换注入活力和动力。

1. 深化体制改革是新旧动能转换的活力之源

新旧动能转换，最深层的是体制的转换。无论是产能过剩，还是杠杆率过高等，这些问题产生的根本原因是体制问题，解决的出路是寻求新的体制机制。新旧动能的转换特别是新动能的培育、发展是一个新事物。新事物的发展壮大必然伴随着对既有规则秩序和利益格局的改变，呼唤与时俱进的改革智慧。只有通过全面深化改革，才能够充分发挥市场在新生产要素配置中起决定性作用，更好地发挥政府作用，才能让经济发展重获新动能。可以说，实现新旧动能转换，最根本的途径在于全面深化改革。

我国经济发展已进入新常态。在经济新常态下，推进供给侧结构性改革的重要抓手之一，就是要积极培育经济发展新动能。这是由新常态"三个转变"的特点决定的，即增量扩能向优化调整存量转变，要素驱动、投资驱动向创新驱动转变，粗放型经济增长向集约效率型经济增长转变。而这"三个转变"的实现过程，不是自动发生的，而是需要借助外力来推动的。这个"外力"，就是新动能。

培育新动能，从根本上说要靠体制机制的改革。过去我们通过改革开放，推动体制机制的深化改革，形成了一套能够强有力地动员资源、投入大量生产要素从而实现快速追赶的模式，背后就是一种体制改革的支持。推动新旧动能转换，培育出新动能，更多地要依靠创新，迫切需要建立一套能够激励、引导、保护创新的体制机制。

2. 深化体制改革是新旧动能转换的支撑之基

当前，我国经济发展已进入从高速增长转向中高速增长、从要素驱动和投资驱动转向创新驱动的新阶段。在经济新常态下，我国的经济结构发生了深刻变化，区域经济的发展必须适应经济新常态，努力践行新发展理念，推进新空间，寻求新动能。

推动新旧动能转换，不断培育出新动能，实质就是破除旧体制机制，构建新体制机制的过程。要提升产业层次、优化产业结构、实现产业转型升级，就必须毫不动摇地推进体制改革，并通过一系列体制改革彻底扫除制约新旧动能转换的藩篱。

（1）推动新旧动能转换需要推进行政管理体制改革

只有在深化行政体制改革中转变政府职能，提高政府管理效能，才能更好地发挥政府在新旧动能转换中的作用。行政体制改革应以培育公平竞争的市场环境、释放社会大众的创新热情、促进生产要素的自由流动为目标，在供给侧结构性改革战略的引领下，加快职能转变，强化社会管理和公共服务职能，提升行政效率，降低行政成本，加强政府对市场的回应性，为新旧动能转换赢得空间和时间。须通过建设包容创新、审慎监管、运行高效、法治规范的服务型政府，持续推进"放、管、服"改革的深化，为推动新旧动能转换的实现而构建起"亲、清"的新型政商关系，营造宽松便捷的市场准入环境、公平有序的市场竞争环境。

（2）推动新旧动能转换需要推进科技管理体制改革

改造提升旧动能，培育新动能，关键在于科技创新。推动新旧动能转换，既要发展壮大新经济，也要改造提升传统产业，二者目标的实现都离不开科技创新的支撑。通过实施创新驱动发展战略，加快科技创新步伐，使科技创新成为推动新旧动能转换的驱动力。推动科技创新，必然要求深化科技体制改革，建立起以企业为主体、市场为导向、产学研深度融合的技术创新体系，加快科技成果的转化，不断提高经济发展中的科技创新贡献率；通过强化技术创新、产业创新、模式创新和制度创新，推动重大工程、重大平台、重点载体、重点产业、重大政策和高端人才等"五重一高"建设，增强科技创新在新旧动能转换中的基础、关键和引领作用。

（3）推动新旧动能转换需要推进人才管理体制改革

人才是实现新旧动能转换的核心要素和重要支撑。

深化人才体制改革，是构筑人才制度优势、推动新旧动能转换的战略之举。只有深化人才体制改革，才能破除人才体制机制障碍，增强人才内生动力，激发人才创新创造活力。通过深化人才体制改革，构建科学规范、开放包容、运行高效的人才发展治理体系，形成具有国际竞争力的人才制度优势，使各类人才放开手脚大显其能，使创新成果得到应用、创新意识得到肯定、创新能力得到支持，从而激发和释放人才活力，不断提高人才创新能力和水平，进而为新旧动能转换提供强大智力支持。目前，为推动经济发展，特别是新旧动能的转换，各地纷纷推出了"人才新政"，加大引进人才的力度。"人才新政"的"政"

不是政策，而是体制，是以体制改革为着眼点的，进一步规范各种权力与利益关系，更好地激发人才发展的内在动力。人才新政的实施，必将给经济社会发展带来新动能，推动新旧动能的转换。

（4）推动新旧动能转换需要推进财政管理体制改革

财政体制是引导经济行为的"风向标"。通过加快改革财政体制，创新财政政策，集聚财政资源，为新旧动能转换提供有力保障。推动新旧动能转换，充分发挥财政体制的导向作用，需要结合国家实施的新一轮财政体制的调整与完善，进一步完善省以下财政体制，实现财税利益分配与新旧动能转换成效挂钩，建立"转换越快、成效越大，地方财政得实惠越多"的财力分配机制，以引导各级不断提高经济发展质量和效益；通过加大财政专项资金横向、纵向整合及跨年度统筹安排力度，让各类财政资源、资金向新旧动能转换聚焦聚力，同时加快设立新旧动能转换基金，发挥财政资金"四两拨千斤"的作用，统筹引导好各类社会资金，以市场化手段支持新旧动能转换，充分发挥财政资金的保障作用。

（5）推动新旧动能转换需要推进税收体制改革

深化税收体制改革是推动新旧动能转换的重要举措。科学的税收体制有助于优化资源配置、促进经济增长方式的根本改变。要适应深化经济体制改革的需要，适应新旧动能转换实现的需要，在推进税收体制改革中持续提升管理质量，提供更加优良的纳税服务，特别是通过进一步调整和完善资源税，将税收与资源市场价格直接挂钩，努力形成有利于促进经济发展方式转变、提高经济高质量发展的税收结构，就能够更好地发挥税收在推动新旧动能转换中的作用。

（6）推动新旧动能转换需要推进金融体制改革

现代金融是现代化产业体系的血脉，新旧动能转换离不开健康稳定的金融支持。金融要回归服务实体经济的本源。加快金融体制的各项改革，为新旧动能转换提供金融支持的空间和力度。如在金融体制改革中尽快形成融资功能完备、基础制度扎实、市场监管有效、投资者合法权益得到充分保护的资本市场，而资本市场的创业创新"孵化器"、并购重组"助推器"功能将有效促进资金等重要生产要素的流动、分配、定价，推进新兴产业发展、经济结构转型，为新旧动能转换增添动力。再如，通过深化金融体制改革，就有利于进一步去杠杆化，努力化解金融风险，为新旧动能转换提供合理高效的融资服务，为新旧动能转换提供必要的金融支持。

（7）推动新旧动能转换需要深化投资体制改革

通过更多地运用经济手段和法律手段，进一步减少和规范行政审批，建立健全和严格实施市场准入制度，加强对社会投资活动的引导、调控和监管，使政府集中精力全面履行经济调节、市场监管、社会管理和公共服务职能，建立起有效的宏观调控制度和体系，发挥其在推动新旧动能转换中应有的作用。

（8）推动新旧动能转换需要推进生态文明体制改革

加强生态文明建设，是推动新旧动能转换的题中之意。习近平总书记在全国生态环境保护大会上强调指出，要加快推进生态文明体制改革，抓好已出台改革举措的落地，及时制订新的改革方案。党的十九大报告专门用一个部分讲生态文明建设，重点讲的就是生态文明体制改革。

推动新旧动能转换，要明确生态文明体制改革的重点，即加快建立产权清晰、多元参与、激励约束并重、系统完整的生态文明制度体系，以此破除生态文明建设的体制障碍，突破利益固化的藩篱，践行和实现"绿水青山就是金山银山"。

2. 建立和完善有利于新旧动能转换的体制

建立与完善有利于新旧动能转换的体制，需要不断深化体制改革，并正确把握体制改革的方向、原则和目标。

（1）深化体制改革的方向

适应新旧动能转换的要求，必须明晰体制改革的方向，为新旧动能转换注入新活力。

以供给侧结构性改革引领经济高质量发展，既是抓好当前和未来一个时期我国经济工作的主线，是建设现代化经济体系的战略措施，是实现新旧动能转换的战略基点，也是体制改革应坚持的方向。从本质上讲，供给侧结构性改革是市场化经济改革的进一步深化，是用改革的方法来消除供给侧所存在的体制机制性障碍，增强供给侧对需求变化的适应性，以更好地推动现代化经济体系建设，实现经济高质量发展。

供给侧结构性改革成功与否，其决定性因素在于新动能的形成。改革的主体是政府，为此，需要政府坚持市场化方向，发挥市场在资源特别是新生产要素配置中的决定性作用，通过深化改革加快培育发展新动能。不难看出，加强供给侧结构性改革，是为了增强经济持续增长动力。当传统动能由强变弱时，就迫切需要传统动能的转型和新动能的突起，经济发展形成新的"双引擎"，进而推动经济持续增长。

推动新旧动能接续转换，培育壮大经济发展新动能，是促进经济结构转型和经济高质量发展的重要途径，也是推进供给侧结构性改革的重要着力点。供给侧结构性改革就是要培育新动能，提高供给体系质量，必须加快发展先进制造业，推动互联网、大数据人工智能和实体经济深度融合，在中高端消费、创新引领、绿色低碳、共享经济、现代供应链、人力资本服务等领域培育新增长点，形成新动能，也必然要求完善技术创新生态，提高技术创新能力，重点打破体制机制约束；要求构建科学的政策机制，落实"中国制造2025"和"互联网+"战略；要求加强制度创新和人力资本培育，提升培育经济增长新动能的"软实力",以及加大"云网端"基础设施投资,提升培育经济增长新动能的"硬实力";要求加快推进制造业与互联网的深度融合,构建产业融合发展新体系,加快智能制造的发展。

(2) 深化体制改革的原则

①突出改革引领。强化从供给侧突破的意识,发挥市场在资源配置中的决定性作用,进一步激活市场机制,放宽政策限制,主动改变不适宜的监管理念、管理模式和政策体系,加快人才、金融、技术等要素市场改革,维护公平竞争,打破新主体进入市场的制度瓶颈,扩大群众就业和创造财富新空间。

②实施创新驱动。强化鼓励创新、宽容失败的意识。摆脱跟随发展的路径依赖,着力原始创新和颠覆性创新,保护和激发干事创业的积极性和创造性,主动构建激发创新活力、推广创新成果、支持业态创新的体制机制,以更大的力度促进知识和智力资源尽快实现经济价值,加快塑造更多依靠创新驱动、更多发挥先发优势的引领型发展新格局。

③优化服务理念。强化主动服务、效率优先的意识,更好地发挥政府在新动能培育中的作用。大幅减少事前行政审批、健全事中事后监管,变管理为服务,进一步提升行政审批、法规调整、政策支持、标准规范、资源开放等方面政府服务的科学性、灵活性和针对性。创新服务机制,推进重心下移,及时主动解决阻碍新动能释放的矛盾问题,提供更加便捷高效的政府服务。

④着力融合发展。强化向实体经济聚力发力的意识,提升新动能对传统动能的带动作用。以提高质量和核心竞争力为中心,加快利用新技术、新业态改造提升传统产业,创造更多适应市场需求的新产品、新模式,促进覆盖一二三产业的实体经济蓬勃发展。

⑤坚持底线思维。强化开放共治与防控风险并重的意识,推进以信用管理为基础,以防范区域性、系统性风险和保护消费者合法权益为底线的新型管理模式,为释放新动能创造更加广阔的空间。

推动新旧动能转换是一场深刻变革,要按照建设现代化经济体系、实现经济高质量发展的内在要求,进一步深化供给侧结构性改革。深化供给侧结构性改革,推动经济发展质量变革、效率变革、动力变革,在体制改革上既要坚定不移深化供给侧结构性改革,推动资源要素向实体经济集聚、政策措施向实体经济倾斜,不断夯实实体经济这一现代化经济体系的根基,也要不断深化经济体制改革,加快完善社会主义市场经济体制,破除各方面体制机制弊端,进一步完善现代化经济体系的制度保障,从而更有效地推动新旧动能转换。

推动新旧动能转换,既要发挥市场主体的主体作用,调动企业的积极性、创造性,更要重视优化政府服务,发挥政府的重要作用,因而要继续推进宏观调控方式创新,运用有效合理的财政、金融等手段,为新旧动能转换创造良好的经济环境。发挥政府弥补市场不足的功能，实现政府与市场的更优结合。深入推进简政放权、"放管服""一次性办好"等行政管理改革，进一步放宽市场准入，加大改善营商环境力度，加强各类产权保护，调动市场主体参与推动新旧动能转换的积极性和创造性。

（3）深化体制改革的目标

着力构建市场机制有效、微观主体有活力、宏观调控有度的经济体制，不断增强我国经济创新力和竞争力，这是深化经济体制改革的根本要求，也是推动新旧动能转换的体制保障。

深化体制改革，根本目的就是要减少新旧动能转换的制度性成本。要以经济体制改革为重点全面深化改革，破除阻碍新旧动能转换的体制弊端，最大限度地激发市场活力和发展动力。在改革上，既要坚定不移深化供给侧结构性改革，推动资源要素向实体经济集聚、政策措施向实体经济倾斜，不断夯实新旧动能转换的根基；也要不断深化经济体制改革，加快完善社会主义市场经济体制，破除各方面体制机制弊端，进一步完善新旧动能转换的体制保障。既要构建微观主体有活力的经济体制，形成新型政商关系，营造激发企业家精神的环境，完善科技成果转化的体制机制，建立党政干部干事有为的容错纠错机制，形成让企业家心安、让科技人员心宽、让党政干部心热的体制，又要构建宏观调控有度的经济体制，创新和完善政府的宏观调控，发挥政府规划的战略引领作用，健全市场基础设施，健全财政、货币、产业和区域等经济政策协调机制。

①深化行政管理体制改革，要加快转变政府职能，强化政府服务意识和功能，放宽市场准入，营造公平竞争、宽松便利的市场环境。开展新旧动能转换领域的管理权责重心下移试点，将部分有利于促进新旧动能转换的省级行政权力事项依法下放或委托设区市实施。推进"五证合一、一照一码"等商事制度改革，为企业登记注册、生产经营、投资融资等提供便利，切实打破形形色色的"玻璃门""弹簧门"，进一步降低新旧动能转换的成本。加快全面实施市场准入负面清单制度和公平竞争审查制度，探索包容鼓励创新的审慎监管制度，大幅减少事前行政审批，健全事中事后监管，建立健全社会信用体系，建立有效的信用激励和失信惩戒制度，推动政府管理从处理具体事项的细则式管理向事先设置安全阀及红线的触发式管理转变。加强政府在法规调整、标准规范设立、资源开放共享等方面的服务功能，提高服务新旧动能转换领域市场主体的快速响应能力和水平。

行政管理体制改革是一项系统工程，既要统筹兼顾，列出改革清单和时间表，有序推进，又要把理性精神和渐进策略相结合，处理好效率和公平的关系，同时要征求各方意见，努力达成共识，寻求改革的最大公约数。

②深化科技管理体制改革，要把科技创新摆在推动新旧动能转换的核心位置，增强科技创新对实现经济高质量发展的驱动力。在体制改革上，要把深化科技管理体制改革作为

着力点和突破口，清除各种有形无形的障碍，积极建设科技创新价值链，形成推进科技创新发展的强大活力，形成创新驱动发展的转移转化机制。要建立以企业为主体、市场为导向、产学研深度融合的技术创新体系，完善创新主体合作机制，促进产学研深度融合，进一步增强科技创新为新旧动能转换服务的能力；完善成果转化机制和政策体系，尤其是科研成果转化的收益分配政策，培育和发展专业技术转移机构，鼓励创新创业，促进科研成果更有效地转变为生产力；有效利用全球创新资源，构建与国际接轨的创新政策，消除创新要素流动的制度阻碍，吸引全球创新要素和有效利用外部资源，为推动新旧动能转换提供科技供给。深化科技管理体制改革，还应以激发科研人员发明创新的创造力、调动科技人员科技创新的积极性为目的。

③深化人才管理体制改革，要从实际出发，遵循社会主义市场经济规律和人才成长规律，通过分类施策，构建起科学高效的人才管理体制。要强化政府人才宏观管理、政策法规制定、公共服务、监督保障等职能，根据各区域自然资源禀赋、人才工作基础及发展潜力，结合产业转型升级开展人才工作，逐步实现人才发展与经济转型升级紧密结合。要向用人主体放权，为人才松绑，建立政府人才管理服务权力清单和责任清单，推动人才管理部门简政放权，消除对用人主体的不合理约束，放手让用人主体充分发挥作用，促进人才创新创造，更好地服务于新旧动能转换。要健全市场化、社会化的人才管理服务体系，推动人才资源依据市场规则、市场价格、市场竞争实现效益最大化和效率最优化；构建统一、开放的人才市场体系，使人才配置更加合理、人才结构更加优化，人才的价值在市场竞争中得到充分体现。积极培育各类专业社会组织和人才中介服务机构，有序承接政府转移职能，为用人主体和人才提供社会化的、高质量的服务。要加强人才管理法制建设，研究制定人才工作相关法律法规，进一步厘清市场和政府职能边界、规范市场行为、平衡市场主体利益、保护人才合法权益等，为各类人才施展才能提供更加广阔的舞台。

④深化财政体制改革，目标任务就是应对各种不确定性，防范和化解公共风险，为总体改革承担成本、巩固成果。财政体制改革的关键点，在于合理划分中央与地方财政事权和支出责任，要打好防范化解重大风险尤其是防控金融风险的攻坚战，特别要加大金融与实体经济的融合，切实降低实体经济融资成本，为推动新旧动能转换实现重大突破创造条件。深化推进财政与社会资本合作，引导多元资本参与。在充实财政资金来源的同时，充分运用PPP模式，引导市场和社会资本形成合力，推动新旧动能转换。深化创新财政资金使用方式，提升新旧动能转换财政绩效。在财政资金使用上，应根据新旧动能转换的领域和具体项目，灵活运用多元政策工具，多措并举提升财政资金使用绩效。创新政府投资方式，发挥基金的引导作用。推动新旧动能转换，必须发挥基础设施建设基金、政府出资产业投资基金等引导作用，健全PPP模式制度，推行代理制度，建立合理投资回报和多样化

退出机制。

⑤深化税收管理体制改革，要以深度实行结构性减税降负政策，降减新旧动能转换的运行成本为目标，保障新旧动能转换的顺利推进。深入推进结构性减税政策。全面落实"营改增"及高新企业、小微企业等各项税费优惠政策，降低企业奉行成本和受益成本；严格实施资源税、环境税征缴，提高落后产能、过剩产能税收成本，倒逼市场出清。

深度清理、降减各类收费。取消不合理的收费，整治多头收费、多环节收费，减轻过重的收费，降低纳税人的费类负担。深度清理、降减行政事业性收费和政府性基金，降低非税收入规模及其占政府收入比重，为企业推动新旧动能转换创造良好的税费环境。

降低社会保险费率水平。通过强化涉费信息控管，拓宽社保覆盖范围，在进一步划拨国有资本充实社保基金的同时，适度降低企业社会保险缴款基数，着力降减以养老保险为核心的社会保险费率水平。

⑥深化金融管理体制改革，增加对新旧动能转换的金融供给。通过深化改革，建立一个能够适应新旧动能转换需要的、以企业投资市场主导、融资渠道丰富畅通，政府管理简明规范、职能转变务实到位，宏观调控稳健高效、法制体系保障健全的新型投融资体制。

拓展直接融资渠道。规范发展天使投资、风险投资、私募基金、产业基金等支持并购重组、企业上市，完善资本的进入和退出机制，降低企业市场融资成本，增强多层次资本市场对新旧动能转换的支持。

建立健全发展基金。扩大基金来源渠道，规范基金运作，提高基金运用效率，充分发挥已有专业化、专门性引导基金的示范带动作用；积极培育债券市场，加强债券产品创新、发挥绿色债券功能，扩大新旧动能转换的企业融资来源渠道。

⑦深化生态文明体制改革，推动科技体制改革与经济社会其他领域基础性改革深度融合，为绿色投资、绿色创新、绿色金融、绿色生产、绿色消费、绿色流通、绿色贸易、绿色经济等提供激励相容的整体性、协调性和支撑性绿色政策体系，以绿色创新驱动新旧动能转换，实现经济的更高质量、更有效率、更加公平、更可持续发展。加快建立产权清晰、多元参与、激励约束并重、系统完整的生态文明制度体系，以此破除生态文明建设的体制障碍，突破利益固化的藩篱，以更好地推动新旧动能转换。

第三章 产业发展与产业结构优化

第一节 产业发展概述

产业发展是指产业的产生、成长和进化过程,既包括单个产业的发展,又包括整个国民经济的发展。具体是指某一产业中企业数量、产品或者服务产量等数量上的变化,也包括产业结构的调整、变化、更替和产业主导位置等质量上的变化等。因此,产业发展是一个由低级到高级,由简单到复杂,由不成熟到比较成熟,由小规模到大规模的演化过程。

产业发展、产业增长、经济发展、经济增长等既有一定的区别又有密切的联系。

一、产业发展的内涵

(一)产业发展的含义

产业发展是指产业的产生、成长和演进。产业发展既包括单个产业的进化,又包括产业总体的演进;既包括产业类型、产业结构、产业关联和产业布局的演进,又包括产业组织的变化、产业规模的扩大、技术的进步和效益的提高。

产业发展的过程,既是单个具体产业产生、成长、繁荣、衰亡的不断现代化的过程,也是产业总体的各方面不断由不合理走向合理、由不成熟走向成熟、由不协调走向协调、由低级走向高级的过程,也即产业结构优化、主导产业分阶段化、产业布局合理化、产业组织合理化的过程,产业发展的状况,既是产业类型变化规律、产业结构演进规律,也是产业发展的规律。

可以说,产业发展即整个国民经济的进化过程,其核心就是一个结构变化的过程。因此,"产业发展"的概念类似"经济发展",当然,后者的内涵要比前者宽泛得多。经济发展包括了产业发展,又以产业发展为前提和基础;产业发展又是经济发展的必要条件、关键因素和强大动力,产业发展的状况直接决定整个国民经济发展的状况。因此,产业发展的研究对促进国民经济的发展具有特别重大的意义。

(二)经济增长与经济发展

经济增长与经济发展这两个概念之间虽然有根本的区别,但它们之间也有很强的联系。经济增长(Economic Growth)是指一个国家或地区在一个时期内实际货物和劳务产出的增长。它既可以用国民生产总值计算,也可以用人均国民生产总值计算,前者用来表示一国总的生产能力的扩大，后者用来表示一国扣除人口增长因素后生产水平的提高。如果一个国家的商品和服务增加了，不管从什么意义上，都可以把这一增加看成"经济增长"。

经济发展（Economic Development）的含义就要广泛得多，除了产出增长和人均产出的增长之外，它还伴随经济结构（产业结构、就业结构、消费结构等）、政治体制、文化法律，甚至观念、风俗的变革等。一般而言，经济增长是手段，经济发展是目的。经济增长是经济发展的基础，经济发展是经济增长的结果。没有经济增长是不可能有经济发展的。但是，经济增长不一定必然带来经济发展。

产业既是具有某种同一属性的企业的集合，又是国民经济以某一标准划分的部分，即产业是国民经济的有机组成部分。经济发展包含了产业发展，经济发展的核心是一个结构变迁、不断升级的过程，经济发展是以产业发展为前提和基础的，产业发展是指产业的产生、成长和进化的过程，既包括每一个产业的进化过程，也包括各产业总体的进化过程。显而易见，经济发展的含义要比产业发展的含义宽得多。

（三）产业增长与产业发展

产业发展也不同于产业增长。产业增长单指产业生产能力、经济潜力的增强，或者是指从产出角度来看的产业产出量的提高。产业发展则包含了更广泛、更深刻的内涵。产业发展包含产业增长，而产业增长只是产业发展集合中的一个子集。可见，产业发展与产业增长既有联系，又有区别。产业增长是产业发展的前提。产业发展首先是产业产出的增加，它不等于产业增长，但又包含产业增长，没有增长就必然没有发展。因此，如果混淆了二者的区别，则很容易认为产业增长必然会带来产业发展。要想求得产业的发展，首先必须求得产业的增长，并应使增长达到一定的速度与规模。没有增长这个前提和先导，产业发展的各方面都会失去基础。

二、产业发展的主要影响因素

决定和影响产业发展的因素十分复杂，既包括政治、经济、文化、历史等宏观性因素，也包括需求、供给、对外贸易、经济制度及经济发展战略等具体性因素。这些因素相互交织、相互联系，影响和决定产业发展的轨迹。

（一）需求因素

需求主要包括消费需求和投资需求。生产满足需要，需求促进生产，这就意味需求和需求结构的变动必将引起生产和生产结构的相应变动。而生产结构本质上就是产业结构，因此需求会显著决定和影响产业的发展。

1. 投资结构

投资是企业扩大再生产和产业扩张的重要条件之一。投资结构是指资金投向不同产业方向所形成的投资配置量的比例。投资方向的不同，会直接导致已有产业结构的改变。当投资流向创造新的需求时，将形成新的产业而改变原有的产业结构；当投资流向部分产业时,将推动这些产业以比未获投资的那部分产业更快的速度扩大,进而影响原有的产业结构;当对全部产业投资但投资比例各不相同时,则会引起各产业发展程度的差异,并导致产业结构的相应变化。正因为投资是影响产业发展的重要因素,政府往往采用一定的投资政策,通过调整投资结构来实现产业发展的目标。

2. 积累和消费结构

积累是指用于生产性的投资量。消费是指居民对最终产品的需求量。积累和消费结构,其实质是投资与消费的比例。由于一定时期内的一国国民收入是一个定量,如果不考虑引进外资等因素,投资量和消费量存在此消彼长的关系,即投资量增大,消费量必然减少,反之亦然。当投资比例较高时,相关的资本资料产业将得到较快发展,产业结构也会发生相应变动;当消费比例较高时,扩大的居民消费需求会刺激生产消费资料产业部门的较快发展,同时会涉及与生产消费资料相关的生产资料产业部门的需求变化,同样也会推动产业结构的变动。对积累和消费的比例,不能随意确定,如果人为地提高积累率,会导致消费不足,造成有效需求萎缩,最终影响生产发展;同样,如果人为提高消费资金比例,则会因为积累不足进而影响生产发展,造成供给相对减少,也不可能实现居民消费需求增长的目的。因此,对这一比例的确定应该以实现生产和消费的良性循环和可持续发展为前提,充分考虑人口、社会文化、经济实力水平、经济发展目标等诸多因素。

3. 个人消费结构

个人消费结构是指个人在衣、食、住、行、文化、娱乐、保健和旅游等方面的消费支出的比例关系。这一比例将直接影响消费资料产业部门的发展,并间接影响给这些产业提供生产资料的生产资料部门的发展,进而影响产业结构的变动。当然,这种变动是有规律可循的。即随着人均收入水平提高,人们在食物消费方面支出的比重会趋于减少;随着人均收入的提高,人们的消费结构会由以购买食品、衣服等非耐用消费品为主转向购买电视机、音响、洗衣机、电冰箱等耐用消费品,及娱乐、社交和旅游等服务类消费品,从而相应地刺激耐用消费品产业和旅游、娱乐等服务性行业的发展。这种消费结构的转变在改变消费资料产业的内部结构的同时,也改变了整个国家的三次产业结构。

4. 中间需求和最终需求的比例

中间需求和最终需求的比例是一种重要的需求结构。中间需求是指对中间产品的需求,即对尚需继续投入生产过程,并在生产过程中一次转移其全部价值的产品,如原材料、零部件等产品的需求;最终需求是指对最终产品的需求,即对不再需要进入生产过程,即可供人们消费或投资之用的产品的需求。中间产品的需求结构决定着生产中间产品的产业的内部结构,最终产品的需求结构决定生产最终产品的产业的内部结构。

决定中间需求与最终需求的比例的主要因素有专业化协作水平、生产资源利用率(利用率越高,相同产出的最终产品对中间产品的消费需求就越少,反之就越多)、最终产品的性能和制造技术的复杂程度(复杂程度高,对中间产品的需求量就越大)。显然,中间需求和最终需求的比例变动将会使社会生产的产业结构发生相应的变动。

(二) 供给因素

资源供给结构是指自然资源、人力资源、生产技术等资源的拥有状况和各种资源供应价格之间的构成关系。一国的资源供给结构对该国产业的发展与变化有极大的影响。

1. 自然资源

资源是相关产业发展的物质基础。一国的资源一般可分为待开发资源和已开发、正在利用的资源两类。前者在技术水平达到开发要求时，必将成为未来产业形成和发展的基础，后者的供给状况直接决定和影响产业结构。在发展产业时，我们往往注意发挥资源优势，优先发展同本国可以开发利用的丰富资源相关的产业，为进一步发展其他产业积累资金。因此，许多国家的产业结构都带有本国资源结构的印记。当然，自然资源对一国产业结构的影响程度，在不同经济发展阶段是不同的。一般来说，一国经济技术较落后，资源供给结构就能在较大程度上左右该国的产业结构。随着经济的发展和生产技术水平的提高，有关产业发展所缺资源可以通过进口来弥补，该国的资源结构状况对产业结构的演化所起的作用就会越来越小。尽管在不同国情下的资源对产业结构的影响程度大小有所差异，但这种差异的存在本身已足以说明，一国的自然资源状况确实能够在一定程度上影响和决定该国的产业结构。

2. 人力资源

人力资源是指具有生产劳动技能的劳动者的供给量。人力资源对一国产业结构的影响主要表现在以下几方面：第一，作为生产力三要素中具有能动性的要素，劳动者的文化素质、知识结构、生产技能的状况，将在较大程度上影响产业发展，从而影响产业结构。低质量的劳动力，由于缺乏可转移性，必然会阻碍产业结构向更高阶段发展；反之，拥有现代技术和文化素养的高质量劳动力，必将加快推动产业结构向高度化演变。第二，人力资源的供给结构对一国产业结构的发展变化有重要的影响。一般来说，如果劳动力资源供给充裕、价格便宜，投资者从取得较高投资收益的角度来考虑，就会加大对劳动密集型产业的投资，从而促进该类产业的发展；而如果劳动力资源供给稀缺、价格上升，当劳动力的边际产出率小于资金的边际产出率时，投资者就会倾向将资金投向劳动力运用较少的资金密集型产业，从而推动资金密集型产业的较快发展。

3. 资金供给

资金供给状况是指可供投资的资金量及其使用价格的状况。若不考虑引进外资因素，一国可供投资的资金规模主要取决于国内储蓄状况，而国内储蓄量的大小又受人民收入水平的制约。一般来说，收入水平低，储蓄倾向就小，可供投资的资金就少，必然会制约产业，尤其是资金密集型产业的发展。这是因为资金供给紧张，会使资金使用的代价，即贷款的利率上升，这样就会阻碍重工业和技术密集型等资本有机构成较高的产业部门的发展；反过来，资金供给充裕，使用成本就会下降，有利于资金流向技术和资金密集型产业，进而推动产业结构的演化和发展。显然,一国产业结构的演变与资金供给状况高度相关,即便引进外资,也会因融资价格的高低而直接影响这些资金的产业投向。

4. 生产技术体系

科学技术是推动一国产业结构变化最重要的因素之一。从技术角度来看,一国的产业结构表现为一定的生产技术结构。生产技术结构的进步与变化会引起产业结构的相应变动。能源利用率的技术水平提高,会使一定规模的加工产业的能源需求量减少,相应地,能源产业部门的供给规模也会相对缩小。新工艺、新技术的出现,会促使新的产业部门产生,与此同时,使用原有陈旧技术、工艺的产业部门会逐渐衰退,尤其是与其他产业部门高度相关的高新技术的出现,会引起一国产业结构的重大变化。例如,大规模集成电路的出现、电子计算机技术的发展,使工业全盘自动化成为可能,也为信息产业的蓬勃发展开辟了道路,进而又推动了电子计算机产业的迅速扩张。

(三)对外贸易因素

随着生产社会化的不断发展,一国与世界其他国家的经济交往活动越来越频繁,这种经济交往活动给该国的产业结构带来越来越重要的影响。对一国产业结构产生影响的对外贸易因素,主要表现在以下几方面:

1. 进出口贸易

社会分工打破国家界限,引发出口国与进口国在资源、产品、劳务等方面的交换,即国际贸易。进出口贸易有利于各国发挥自身比较优势,获得比较利益。进出口贸易对产业结构的主要影响包括资源、商品、劳务的出口会对国内相关产业的发展起推动作用;国内紧缺资源、劳务的进口可以弥补本国生产该类商品产业的不足,同时进口某些新产品还有助开拓本国市场,为本国发展同类产业创造条件等。当然,有些商品的进口也可能会对本国某些产业的发展起抑制甚至冲击作用。

2. 国际技术转移

国际技术转移是指通过各种方式使生产技术、技术诀窍等在各国之间流动和转让。成套设备、自动流水线及其先进技术的引进,不但会带来进口国相关产业技术水平的较大提高,而且能够促进进口国新兴幼稚产业的较快成长,即技术转移会对一国产业结构产生影响。第二次世界大战后的日本经济之所以能够迅速实现起飞,一个极其重要的成功经验便是博采众长,引进了欧美国家的先进技术,并加以消化、创新,从而加速了产业结构高度化演进的进程和工业化步伐。改革开放后的中国,也通过引进大量先进、实用的技术,改造了传统产业,促进了一批新兴产业的成长,在产业结构的合理化调整和高度化发展中发挥了重要的作用。

(四)制度、政策与发展战略

许多有关产业发展的模型主要是通过各种物质生产要素的变化分析生产率的变化和产

业发展的状态，而将制度、政策与发展战略这类人为因素视为已知的、既定的，即作为"外生变量"而排除在模型考虑因素之外。在这些模型中，尤以产业发展的技术创新论风行一时。那么，是否可以就此认为，当物质生产要素不变，尤其是技术不变时，生产率就无法提高，产业发展就不能实现了呢？显然，这种推断是不严谨的。制度、政策与发展战略这类人为因素，作为主体行为的结果的客观运动，与其他生产要素在某些方面，尤其在实现产业发展和经济增长方面会有一定的相似之处。制度变迁和技术进步的行为主体都是追求收益最大化的。当然，不同的行为主体（如个人、团体或政府）推动制度变迁的动机、行为方式及其产生的结果可能有所不同，但它们都服从制度变迁的一般原则——制度变迁是为了在实现社会总收益增加的同时又不使个人收益减少。制度变迁的成本与收益之比对促进或推迟制度变迁起关键作用。只有在预期收益大于预期成本的情况下，行为主体才会去推动直至最终实现制度的变迁。日本产业政策和外向型经济发展成功的一个很重要的原因，便是由于其制度变迁的收益与成本之比较小，因而其制度变迁比其他国家更易进行，与此同时，日本充分利用了后发优势，迅速地推进了本国的产业升级。

（五）环境因素

环境是作用人类的所有自然因素和社会因素的综合。生态环境是人类或生物集团与环境相互作用，通过物质流和能量流共同构成的环境复合体的总称。生态环境能为产业发展提供基本的生产条件和对象，如土地、森林、草原、淡水、空气、矿藏等，同时它又是人类社会生产和生活中产生的废弃物的排放场所和自然进化场所。因此可以说，生态环境是产业发展赖以生存的基础。

在工业化之前的社会中，人们把生态环境看成取之不尽、用之不竭的，任何人都可以无偿使用并且不会损害他人利益的免费物品。进入工业化社会后，随着生产规模的急剧扩大和城市化进程的不断加深，人类对环境资源的需求量日益增加，生产和生活的各种废弃物排放量也越来越多，局部地区甚至超过了环境容量和净化能力所允许的极限，出现了形形色色的环境污染问题和环境资源短缺现象。直至于此，生态环境对产业发展的制约作用才逐步引起人类的重视，经济学家也开始将环境因素纳入经济发展的分析框架中。可持续发展的思想将深刻地影响世界各国产业的整体发展，环保产业则会成为产业发展中的一个新的经济增长点。

第二节 产业发展的理论基础

产业发展理论建立在马克思的经济增长理论及西方经济学的经济增长理论的基础上。

一、马克思的经济增长理论

卡尔·马克思（1818—1883）经过多年的科学研究，独立地开辟了后来被称为经济增长理论的新领域。马克思从19世纪50年代末开始研究社会资本再生产问题，到80年代初最终完成自己的社会资本再生产理论，经历了20多年的漫长过程。马克思在批判地继承古典经济学家有关理论遗产的过程中，逐步形成、发展和最终完成了社会资本再生产和流通理论的科学体系，即经济增长理论的科学体系。马克思创立社会资本再生产理论的过程就是创立经济增长理论的过程。马克思的经济增长理论主要包括以下基本内容。

（一）剩余价值理论

剩余价值是雇佣工人所创造的并被资本家无偿占有的超过劳动力价值的那部分价值。马克思在《资本论》（1865）中写道，剩余价值是雇佣工人所创造的并被资本家无偿占有的超过劳动力价值的那部分价值，它是雇佣工人剩余劳动的凝结，体现了资本家和雇佣工人之间剥削和被剥削的关系。

其基本观点是：

①资本家向工人支付工资，购买工人的劳动力以后，即强迫工人为其长时间地劳动，货币由此转化为资本。

②资本家的全部资本分为两部分：一部分用于购买工人的劳动力，称为"可变资本"，其价值量在生产过程中是可变的，能通过工人的劳动来增加；另一部分用于购买机器设备、原材料、燃料等，称为"不变资本"，在生产过程中其价值量是不变的，只是将原来的价值转移到新产品中去。

③工人的全部劳动时间分为两部分：一部分叫"必要劳动时间"，用来再生产工人的劳动力价值；另一部分叫"剩余劳动时间"，用来创造新的价值。

④工人在剩余劳动时间所创造的新价值，就叫剩余价值。

⑤剩余价值本来是工人劳动的产物，应归工人所有，但是却被资本家凭借对企业的所有权无偿独占，这就是资本家剥削工人发财致富的秘密。

⑥资本家为了加强对工人的剥削，赚取更多的剩余价值，所采取的基本途径有两条：一是强迫工人延长劳动时间，或强迫工人提高劳动强度，绝对地增加剩余劳动时间，这种方法叫"绝对剩余价值"；二是通过技术进步，缩短必要劳动时间，即缩短工人再生产劳

动力价值的时间，相对延长剩余劳动时间，这种方法叫"相对剩余价值"。

（二）社会资本再生产理论

马克思认为，社会资本再生产是一个不断循环运动而实现的社会总资本的再生产。马克思根据使用价值的最终用途，把社会总产品划分为生产资料和消费资料两大类，相应地把社会生产分为生产资料生产（第一部类Ⅰ）和消费资料生产（第二部类Ⅱ）两大部类。同时，又把每个部类的产品从价值上划分为不变资本C、可变资本V和剩余价值M三个组成部分。不变资本是资本家用于购买生产资料的那部分资本，在生产过程中，借助于工人的具体劳动，把原有价值转移到新产品中去，价值量没有发生变化。可变资本是指用于购买劳动力的那部分资本，要生产过程中由劳动力的使用创造大于自身价值的价值，使预付资本价值量发生了变化。

社会资本再生产运动的核心问题是实物替换和价值补偿的实现问题。而这两方面的关系，又是以实物替换为基础。只有实物上和价值上都得到替换和补偿，简单再生产才能实现。扩大再生产是在简单再生产的物质基础上进行的。第一部类要进行扩大再生产，剩余价值就不能全部用于资本家个人消费而去和第二部类相交换，必须有一部分转化为积累。这样剩余价值（即M）就分为两部分：一部分仍作为资本家的个人消费（以M/X代表）；另一部分用作积累（即M-M/X）。而积累又必须按照生产资料和劳动力的比例分为两部分：一部分作为追加不变资本（以△C代表）；另一部分作为追加可变资本（以△V代表）。由于M有一部分留作本部类的积累，不能再和第二部类去交换，所以Ⅰ（V+M）＞ⅡC。同样，第二部类要进行扩大再生产，M也必须分为M/X、△C、△V三部分，留作本部类积累的可变资本部分也不能去和第一部类相交换，所以Ⅱ（C+M-M/X）＞Ⅰ（V+M/X）。这两个公式正是表明了进行扩大再生产要有追加生产资料和追加消费资料这个物质基础。

无论是简单再生产，还是扩大再生产，社会总产品各个组成部分的实物替换和价值补偿，社会资本再生产的比例关系必须按一定比例，经过相互交换，才能全部实现。交换关系有三种情况，马克思称为三大要点：

①ⅠC或Ⅰ（C+△C），是通过第一部类内部交换而得以实现。

②Ⅱ（V+M）或Ⅱ（V+△V+M/X），是通过第二部类内部交换而得以实现。

③Ⅰ（V+M）＝ⅡC或Ⅰ（V+△V+M/X）＝Ⅱ（C+△C），是通过两大部类之间的交换而得以实现。

总之，简单再生产与扩大再生产两大部类内部的交换关系和两大部类之间的交换关系，都是按一定的比例实现的。

（三）经济增长理论

第一，经济增长的实质就是生产力的发展。马克思认为："一切生产都是个人在一定的社会形式中，并借这种社会形式而进行的对自然的占有。"生产力的发展决定人类社会发展的各方面，并决定生产关系、上层建筑相应的变革。经济增长的实质就是生产力的发展。

第二，经济增长具有永续性和递增性。由于知识的进步、人力资本和物力资本的累积效应，经济的发展有一种自加速的趋势。同时，由于生产力的发展具有永续性和递增性，因此，经济的发展也必然具有永续性和递增性。

第三，制度对经济增长具有至关重要的作用。马克思认为：括以下一些假定"没有抽象的生产，也没有离开制度（生产关系是制度的核心）的生产力及其发展。生产力总是在一定的生产关系（制度框架）中组织和运行。先进的生产关系会促进生产力的发展，落后的生产关系则会阻碍生产力的发展。"马克思的这一理论为后来的制度经济学派产生了巨大的影响。

第四，生产力和生产关系组成的物质资料的生产方式是决定经济增长的根本因素。物质资料的生产方式主要包括经济生产能力、经济结构、体制变革等。

第五，建立合理的产业结构，按比例分配社会资源是经济发展的前提条件。国民经济都是由互相联系、互相制约的各产业部门组成的经济网络。各产业部门只有按客观需要的比例关系实现均衡增长，社会经济的总体才会稳定、持续发展。

二、西方经济增长理论

马克思主要是从定性的方式来分析经济增长，而西方经济学家更多的是从定量的方法来分析经济增长，他们有的侧重把一些可观察的或易处理的增长要素（如资本和劳动）与增长实绩（如国民生产总值或国民收入）联系起来，建立各种或繁或简的计量函数模型，用于解释经济增长；有的侧重从经济增长过程中经济结构的演进、转变或高度化的角度来解释经济增长；有的侧重从经济增长的阶段性特征来描述经济增长及其条件；有的侧重从经济增长的要素来解释经济增长的原因和过程。因此，西方经济增长理论中包含了"模型论""结构论""阶段论""因素论"等主要流派。

（一）经济增长模型论

就是把各种经济增长要素作为自变量，把经济增长（通常用国民生产总值、国民收入或人均收入来表示）作为因变量，确定函数关系，以此来建立各种经济增长模型，用于解释经济增长现象。

在现代西方经济学文献中，20世纪80年代以前最著名的经济增长模型有三个，即哈罗德－多马经济增长模型、新古典经济增长模型、剑桥经济增长模型。

1. 哈罗德－多马经济增长模型

哈罗德－多马经济增长模型（Harrod-Domar Model）包括以下一些假定：①全社会只生产一种产品，这种产品既可用于消费，又可用于生产；②只有两种生产要素：劳动和资本，二者比例固定不变；③规模报酬不变亦即单位产品成本不随生产规模变化而变化；④不存在技术进步。

哈罗德-多马模型的表达式是：

表示法一

$$G_w = s/k = S\sigma$$

式（1）

式中 G_w 为经济增长率，并具有总供给等于总需求，即"均衡增长"之含义。

s 为收入中的储蓄比率或储蓄倾向（I=S）。

k 为资本产出比或边际的资本产量之比。

σ 为资本生产率，表示每一单位资本生产的产品数量。

表示法二

$$G = S \cdot V$$

式（2）

式中 G 是经济增长率。

S 是资本积累率（储蓄率或投资率）。

V 是产出——资本比。

表示法三

$$\Delta Y / Y = s \times \Delta Y / \Delta K$$

式（3）

式中 Y 为产出，ΔY 为产出变化量，$\Delta Y/Y$ 为经济增长率。

s 为储蓄率。

ΔK 为资本存量 K 的变化量。

$\Delta Y / \Delta K$ 为每增加一个单位的资本可以增加的产出，即资本（投资）的使用效率。

该模型突出了发展援助在经济增长中的作用：通过提高投资（储蓄率）来促进经济增长；通过资本转移（发展援助）能够促进发展中国家的经济增长；发展援助通过技术转移降低资本系数（k），即提高资本生产率（1/k）来促进经济增长。

2. 新古典经济增长模型

新古典经济增长模型含如下假设：①全社会只生产一种产品；②资本-劳动比率和资本-产出比率可以按需求进行调整和变化；③规模收益不变，边际生产率递减；④存在完全竞争，因而劳动和资本的边际生产率分别决定工资和利润，资本和劳动在任何时候都能得到充分利用；⑤存在技术进步。

新古典经济增长模型表达式为

$$\Delta Y / Y = \Delta K / Y \cdot \Delta K / K + WL / Y \cdot \Delta L / L + \Delta r' / r$$

式（4）

式中 $\Delta Y / Y$ 为收入的增长比率（经济增长率）。

$\Delta K / Y$ 为资本的产出弹性系数（或权数）。

$\Delta K / K$ 为资本的增长比率。

WL / Y 为劳动力的产出弹性系数（或权数）。

$\Delta L / L$ 为劳动的增长率。

$\Delta r' / r$ 为技术进步的增长比率。

新古典经济增长模型运用了变动的相对要素价格的生产率：外生变量包括储蓄率、人口增长率、技术进步率，内生变量包括投资，从而可以改变生产过程中投入要素的组合比例，这是哈罗德-多马模型中所不能包括的因素。但是，假定自由市场能够完全实现均衡与实际情况不符。

3. 剑桥经济增长模型

又称为新剑桥经济增长模型，它是现代凯恩斯主义新剑桥学派的经济增长模型。新剑桥经济增长模型包括以下假设：①资本-产量比率 k 保持不变，即常数；②均衡条件为 I=S；③社会成员分为工资收入者（工人）和利润收入者（资本家），两者的储蓄率都是固定的，而且利润收入者的储蓄率大于工资收入者的储蓄率。

剑桥经济增长模型的表达式为

$$G_w = S / k = P(S_p - S_w) + Sw / k$$

式（5）

式中 G_w 为经济增长率。

P 为利润率。

S_p 为利润收入者（资本家）的储蓄率。

S_w 为工资收入者（工人）的储蓄率。

新剑桥经济增长模型主要有以下特点：

第一，该模型是哈罗德-多马模型的延伸，和后者一样，其基本观点是经济增长率决定储蓄率或投资率，而资本-产出比例是固定不变的。第二，该模型把经济增长与收入分配结合起来，说明经济增长过程中收入分配的变化趋势以及收入分配关系对经济增长的影响。第三，该模型认为，在社会分化为两个阶级"资本家和工人"的条件下，经济增长加剧了收入分配比例失调，收入分配比例失调反过来又影响经济增长。要解决这一问题，重要的不是简单地谋求经济快速增长而是消除收入分配比例失调的状况。第四，该模型否定了新古典经济增长模型的思路，即持续稳定增长取决投入要素比例的变化和技术进步，而认为要实现持续稳定增长必须靠国家政策对分配比例失调进行干预。新剑桥增长模型旨在说明资本主义社会结构的症结在于国民收入分配的失衡,因而解决资本主义社会问题的途径不在于加速经济增长,而是实现收入分配的均等化,这种改良主义的观点和主张,使其被认为是"凯恩斯左派"。新剑桥学派的基本特征是以历史的、收入分配的结构分析为凯恩斯宏观经济分析的理论基础。其分配理论是经济增长理论紧密地结合在一起的动态分析方式,力图以劳动价值论为理论基础,抛弃了新古典学派在分配理论上的辩护性,不回避分配问题上所蕴藏的阶级结构。它无非是用数学语言说出马克思早已道出的一个历史现象,即利润收入者所得恰好是工资收入者所失。

(二)经济增长结构论

经济增长结构论是从经济结构演进、转换的角度来研究经济增长过程的经济增长理论,其理论有"二元结构论""贫困恶性循环论""大推进理论""发展型式"理论等。

1. "二元结构论"

"二元结构论"被认为是劳动力剩余的发展中国家经济发展的"普遍真理",它把发展中国家的社会生产分成两部分:一部分是以现代方法生产的劳动生产率较高的部门(A部门);另一部分是以传统方式生产的劳动生产率较低的部门(B部门)。A部门生产率较高,而在B部门中,劳动的边际生产率低,甚至为零或负数。在A部门中,工资不是由工人的边际生产力决定,而取决于劳动者平均分享的劳动产品的产量。B部门的收入又决定了A部门的下限。由于人口众多和劳动资料较少,劳动力相对资本丰富,以致把一部分劳动力转移出产业,产业的产量也不会下降。也就是说,对A部门按现行工资所提供的就业机会来说,劳动力供给是无限的。因此,在劳动力无限供给的条件下,A部门将逐渐扩大,B部门将逐渐缩小。也就是说,随着劳动力的转移,二元经济结构将消除。

集中研究二元经济结构问题,在此基础上提出了工业化带动论。发展中国家两大部门的主要差异表现在五方面:其一,资本运用完全不同。现代部门使用再生产性资本,而传统部门不使用再生产性资本。其二,生产方式完全不同。现代部门采用机器大工业的生产方式,而传统部门采用手工劳动。其三,生产规模完全不同。现代部门生产规模较大,而传统部门生产规模较小。其四,生产率完全不同。现代部门因为生产规模较大,又使用再生产性资本,遵循规模报酬递增规律,而传统部门因为生产规模较小,又不使用再生产性资本,受土地规模报酬递减规律的约束。其五,收入水平完全不同。现代部门生产率较高,因此收入水平较高,其中产出的一部分可以用于积累和扩大再生产,而传统部门生产率较低,因此收入水平较低,产出仅够维持生存。二元经济发展的核心问题,是传统部门的剩余劳动力向现代工业部门和其他部门转移。现代部门扩张,通过提供就业机会、分享物质设施、传播现代思想和制度、相互贸易等途径,既使传统部门剩余劳动力转移,又使传统部门获益并且得以改造更新而转化为现代部门,也使现代部门促成再生产性资本的进一步增长、生产规模的进一步扩大、生产率和收入水平的进一步提高。以现代部门扩张为主,现代部门和传统部门互联互动并且循环往复,不仅推动和促进了二元经济转变为一元经济,而且推动和促进了不发达经济转变为发达经济。

二元经济结构理论在发展经济学中占有重要的地位,但是这种理论也存在一些缺陷,如它假定工业部门存在着充分就业,B 部门劳动力可以向 A 部门无限转移,但现实中多数发展中国家工业部门也存在大量的公开失业,等等。

2."贫困恶性循环论"

"穷国之所以穷,就是因为它们穷。"这种同义反复的理论就是所谓"贫困的恶性循环"。当然暗含一系列循环作用的力量,它们趋向以这样一种方式相互作用并反复作用致使一个贫困的国家处于一种贫困状态。这种循环力量的特定事例并不难于想象。比如,一个贫困的人可能没有足够的食物;由于营养不足,他的身体可能会比较虚弱;由于体力较差,他的工作能力可能比较低,这意味他是贫穷的,而反过来这又意味他将没有足够的食物;以此类推。适用作为一个整体的国家的这样一种情形可以用如下一个古老的命题来加以概括:"一个国家是贫困的,因为它是贫困的。"

这样发展中国家陷入了一种"贫困恶性循环"中。那么怎么样才能摆脱这种恶性循环?这就引出了"大推进理论"。

3."大推进理论"

发展中国家要想摆脱贫困,实现从不发达到发达的转变,就需要投资发展工业,而投资必须有一个最低的数量,如果低于这个数量,一点一点地投资,就不会取得成功。因此,发展中国家必须做到在一定的数量之上、大规模的投资,通过这种大规模的投资所实现的大推进,经济才会得到发展。

为什么必须要有个大推进呢?只有大推进才能够克服生产函数、投资需求、储蓄供给三者存在的"不可分性"。所谓生产函数中存在的"不可分性",简单来说就是工业基础设施、社会公共设施部门,如交通、通信、电力等部门必须要先于直接生产部门投资,而且这些部门必须配套地进行(不可分)。同时,发展这些部门所需要的投资量大、收回投资慢,这些特点都要求有巨额投资,否则经济是不可能发展的。所谓投资需求的"不可分性"指的就是各产业部门应该同时进行投资、平衡发展,不能一个一个部门单独发展所谓储蓄供给的"不可分性"是指储蓄和收入不能按同一比例增长,只有当收入达一定程度时才能够出现储蓄。发展中国家收入水平低,有限的收入只能维持基本生活需要,因此利息率的高低对储蓄的影响不大。由于发展中国家储蓄存在缺口,所以无法满足大规模的投资要求。罗丹认为,上述三种"不可分性"给发展中国家经济发展带来了障碍,因此必须采用大推进战略,投资数量要大,时间上要同时进行,实行所谓"一揽子"的投资政策。

那么,怎样实行大推进战略呢?一是要获得资金。为此要增加税收,增加利润提成,实行赤字财政政策,要通过接受国外银行贷款、国外私人直接投资的办法吸取国外资金;二是要制订全面的政府计划,因为巨额的同步投资仅靠市场是不行的,必须借助政府的计划实现各产业部门的均衡发展。

4."发展型式"理论

在对结构转变和影响结构转变的多种因素的深入而全面的分析基础上，将研究领域延伸低收入的发展中国家，认为投资和储蓄只是经济发展的必要条件，而不是充分条件。对发展，重要的是经济转变，因而强调对结构变动的各种制约因素的分析，如收入水平、资源禀赋、人口规模、政府的政策和发展目标、国际资本、国际先进技术、国际贸易环境等，从而揭示了经济发展的"标准型式"和各自的不同特点。

"发展型式"理论在经济学理论中独树一帜，影响很大。其主要论点或核心思想包括：第一，经济结构转变同经济增长之间具有密切的相关关系，这不仅表现为不同的收入水平、经济结构，而且表现为经济结构的转变，特别是非均衡条件下（要素市场分割和调整滞后等）的结构转变，能够加速经济增长；第二，工业化是经济结构转变的重要阶段；第三，工业化（经济结构）的转变取决两类主要因素的演化，即总需求的水平和要素供给的结构。通过多国模型的综合分析，可以揭示工业化，或者说结构转变的标准型式。这里的主要观点有三个：第一，工业特别是制造业在国民生产总值中所占份额增加的主要原因是中间需求而不是国内最终需求的变动，因而必须对工业化主要源于恩格尔效应的公认观点加以重大的修正；第二，贸易型式的变化，比起国内最终需求的变化来说，对总产业中制造业份额增加的影响也更大；第三，在工业化的不同阶段，影响工业化的各因素的相对重要性有所不同。

（三）经济增长阶段论

用经济理论解释经济历史的进程，把社会发展分为必须依次经历的 6 个阶段：

第一，传统社会阶段。这一阶段的基本特征是没有现代科学技术，生产水平低，农业居于首位。

第二，为起飞准备条件阶段。这一阶段的主要特征是农业向工业转移，在这个阶段除了近代科学和它的运用及市场的扩大成为经济增长的推动力外，经济方面要求保证储蓄率和投资率的提高，政治方面要求建立中央集权，社会方面要求建立法制保障私有产权。

第三，起飞阶段。这是建立以产业革命为动力的现代化社会阶段，是经济增长系列中最为关键的阶段，实际上相当于资本主义发展史上的产业革命时期。要实现一个国家的经济腾飞必须满足三个条件：一是积累率应在 10% 以上，二是要建立主导产业部门，三是必须建立保证经济起飞的政治制度和推动社会经济增长的经济制度。

第四，成熟阶段。从起飞到成熟阶段需要五六十年的时间。其标志是经济持续增长，科技迅速发展，农业人口减少，经济结构发生重大变化，新产业部门大量发展。

第五，高额群众消费阶段。标志是主导产业部门转移到耐用消费品生产方面上来。

第六，追求生活质量阶段。其标志是主导产业转移到服务业方面上来。人们不再满足对高档耐用品的追求，而开始追求更高质量的享受水平，如投资教育、卫生保健、城郊现代化建设、文化娱乐、旅游等。

（四）经济增长因素论

1. 经济增长因素论

经济增长因素分为两大类：生产要素投入量和生产要素生产率。并进一步地把经济增长的因素归结为以下八方面：第一是所使用的劳动者的数量及其构成；第二是工作小时；第三是所使用的劳动者的教育程度；第四是资本存量的规模；第五是知识的状态；第六是分配到无效使用中的劳动的比重；第七是市场规模；第八是短期需求压力的格局和强度。

经济增长各个因素值的估算。按各个因素对经济增长的贡献率的大小排序，依存为：第一，知识进展，即技术创新和管理、组织的改进占经济增长贡献率的32.7%；第二，完成的工作量，即工作小时、劳动力构成、就业率等占经济增长贡献率的29%；第三，资本存量的增长占经济增长贡献率的15.8%；第四，教育占14%；第五，资源配置的改进占经济增长贡献率的8.5%。在影响国民收入增长的五项因素中，知识进展是最大和最基本的原因。

2. 经济增长因素论

经济增长的主要因素是知识存量的增长、劳动生产率的提高、经济结构方面的变化。

知识存量的增长。现代经济增长的重要因素之一是知识存量的增长。但知识本身不是直接生产力，由知识转化为现实生产力要通过科学发现、发明、革新、改良等转化过程。

生产率的提高。现代经济增长的第二个重要因素是生产率的提高，通过对劳动投入和资本投入对经济增长贡献的长期分析，以人均产值高增长率为特征的现代经济增长的主要贡献因素是劳动生产率的提高，亦即单位投入产出的高增长率。

经济结构的变化。现代经济增长的第三个重要因素是经济结构的变化。发达国家在现代经济增长时期的总体增长率和经济结构变换率都比它们在现代化以前要高得多。相反，不发达国家经济结构变动缓慢，结构因素对经济增长的影响比较小，表现在：不发达国家传统经济结构束缚着60%以上的劳动力，并集中在农业部门，传统的生产技术和生产组织方式阻碍着经济增长，制造业结构不能满足现代经济增长对它提出的要求；需求结构变换缓慢；消费水平低，不能形成对经济增长强有力的刺激；不发达国家的政治结构也不适应现代经济增长的要求。

第三节 产业发展的生命周期

一、产业生命周期概述

（一）产业生命周期的含义

作为生物学概念，生命周期是指具有生命现象的有机体从出生、成长到成熟衰老直至死亡的整个过程。这一概念引入到经济学、管理学理论中首先应用于产品，以后又扩展到企业和产业。一种产品在市场上的销售情况和获利能力会随着时间的推移而发生变化，这种变化和生物的生命历程一样，也经历了投入、成长、成熟和衰亡的过程，产业生命周期就是反映某特定市场对某特定产品的需求随时间变化的规律，产业作为生产同类产品企业的组合，从产生到成长再到衰落的发展过程就是产业生命周期的发展过程。

只要存在社会分工，只要是社会化大生产，就会存在由多种不同的产业构成的产业总体。如果产业总体也有生命周期，也会走向消亡，则意味着国民经济也会消亡，人类社会也就不存在了。因为从总体上来讲，产业将永远存在，产业总体也就不存在由产生直至消亡的生命周期。产业总体的发展过程是不断由不完善、不成熟的低水平向更完善、更成熟的高水平演进的过程。只要人类社会存在，这个过程就是无止境的，这是产业总体发展的一条最基本的规律。

但是，大多数单个具体的产业都会存在由产生直至衰亡的生命周期。这是因为，单个具体产业是生产同类产品的企业的集合，某种具体的产品大多数都存在生命周期，当某种产品走向消亡的时候，生产这种产品的企业要么衰亡，要么通过转产变成其他产业的企业。与此同时，由生产消亡产品的企业集合而成的产业也会走向衰亡。因此可以说，产品的生命周期也就是产业的生命周期。

根据市场学的研究，产品的生命周期"是指产品从最初投入市场到最终退出市场的全过程"。产品的生命周期不是某个产品从生产、使用到消耗或者报废的使用寿命或自然寿命，而是某类产品在市场上的生命周期。因此，产品生命周期更准确地说应是产品的市场生命周期。某种产品在市场上的销售额和利润量的变化反映产品市场生命周期的具体演变过程，一般会依次经过开发期、进入期、成长期、成熟期、衰退期五个发展阶段，在图形上表现为一条S形曲线，如图3-1所示。

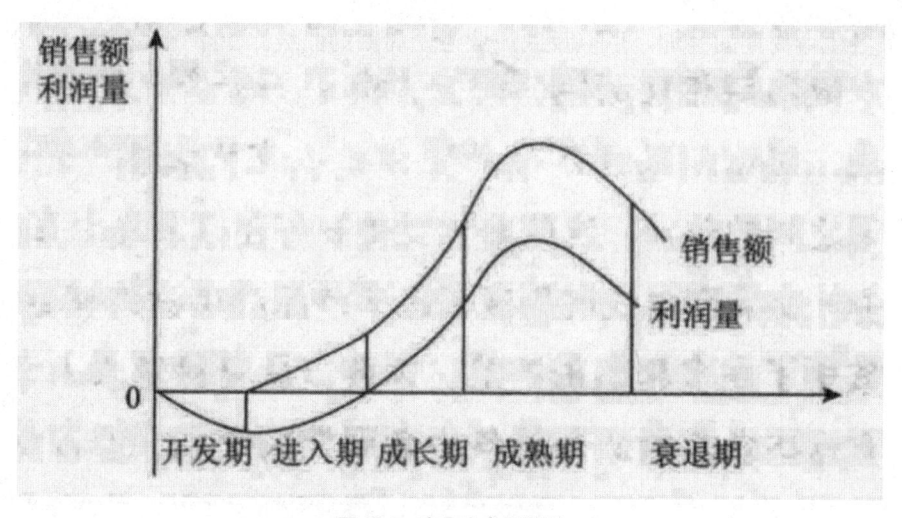

图 3-1　产品生命周期图

由图 3-1 可见，第二阶段是开发期的产品投放的时期（进入期）。在一开始，由于产品的成本和价格较高，人们对产品也不够了解，产业销售渠道也不多、不畅，因此产品的销售额很低，也不可能产生利润，产业只是初步形成。第三阶段是成长期。在这一阶段，产品市场逐步打开，销售额不断增加，开始有了利润并会随着销售额的增加而增加，产业开始发展壮大。第四阶段是成熟期。这一时期的产品成本和价格开始下降，规模经济开始形成，产品逐渐被人们所熟悉和广泛接受，销售渠道增多、畅通，销售额大幅度增加，逐步达到顶峰，利润也逐步达到最大化，产业也随之步入衰退。

从长期来看，大多数产品都会有市场生命周期，但也有少部分产品的生命周期并不明显，如大米、面粉、食盐等产品就看不出 S 形曲线的变化。不同产品的市场生命周期的时间长短和周期性特征也不完全相同。有的产品，如流行服装、时髦商品的市场生命周期短，而有的产品，如日用品的市场生命周期时间长。有的产品如照相机、电话机的投入期、成长期很长，而有的产品如电子计算机的投入期、成长期都非常短。产品市场生命周期产生的原因，主要是科学技术的进步和消费结构的变化。科学技术进步能够开发出许多功能更全、性能更好、质量更高、价格更便宜的新产品，消费结构则会使某些市场需求减少以至于消失，使某些市场需求增加，使新的需求产生，这些都会引起产品的更新换代，导致老产品不断被淘汰、新产品不断取而代之的趋势，从而形成产品的市场生命周期。

（二）产业生命周期与产品生命周期的差异

既然某一产业是以其具有代表性的产品为基础，就可以借用产品生命周期五个阶段的划分方法，把一个产业的生命周期也划分为四个阶段，即进入期、成长期、成熟期和衰退期。但是，由于一个产业的产出往往由多种相似的产品所组成，很难用某一产品的生命周期来代表整个产业的生命周期，这就造成了两者之间的差异。这些差异主要表现在以下几方面：

第一，产业生命周期曲线的形状相比于产品的生命周期更为平缓和漫长。一个产业往往集中了众多相似的产品，因此，从某种意义上来说，该产业的生命周期是所有这些众多相似产品各生命周期的叠加，所以反映产业生命周期的曲线比单个产品生命周期的曲线显得更加平缓，长度更长，如图3-2所示。

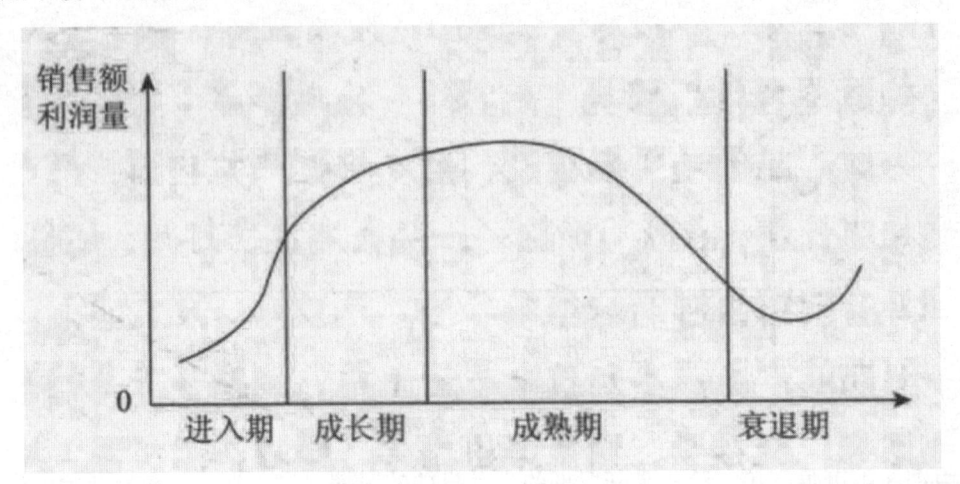

图3-2 产品生命周期的四个阶段

第二，不是所有的产业都有生命周期。不仅产业总体没有生命周期，大多数大类产业，如工业、农业、服务业及其二级层次的种植业、轻工业、旅游业等也不存在生命周期。更进一步的，单个具体产业也不一定都存在生命周期，即不一定每种产业都会走向衰亡。例如，涉及居民生活必需品的产业，如理发业、清洁水供应业等一般都会持续存在，不会有生命周期。

第三，产业的生命周期具有明显的"衰而不亡"的特征。一个产业进入衰退期，意味该产业在整个产业系统中的比重将不断下降。但世界各国产业结构演进的历史都表明，随着新兴产业的不断形成和发展，进入衰退期的许多传统产业，虽然在国民经济中所占的比重将不断下降，但对这些产业产品的需求不会完全消失，因而这些产业的比重也不会下降到零，具有明显的"衰而不亡"的特征。真正完全"消失"或"死亡"的产业并不多见。

第四，产业生命周期曲线往往会产生突变，通过"起死回生"，进入下一个发展周期。有些产业虽已进入了衰退期，但由于科学技术进步和消费结构的改变，有些进入衰退期的产业可能用高新技术进行改造和武装，降低成本，提高质量，改进性能，增加花色品种，重新焕发"青春"，增强生命力，再次显示产业成长期甚至成熟期的特征。因此，有的经济学家认为，只有"夕阳技术"，没有"夕阳产业"。

第五，产业生命周期存在不断缩短的趋势。随着科技改革的迅猛发展，人类社会向知识经济时代迈进，知识更新速度加快，技术开发周期短，产品升级换代步伐加速，使产业很快由成熟期进入衰退期，有的产品的市场生命周期只有几年甚至只有几个月，因而产业生命周期大大地缩短。

（三）产业生命周期的变化

划分产业生命周期的不同阶段，主要是按照该企业在全部产业中所占比重的大小及其增长速度的变化而进行的。在产业的进入阶段,由于不同产业代表产品的市场需求状况的不同或其他原因,有的产业发展较快(图形上表现为斜率变化大、曲线上升很快),有的却发展得十分缓慢(图形上表现为斜率变化不大,曲线上升平缓)。因此,该阶段的产业生命周期曲线对不同的产业而言会呈现不同的形状。但总的来说,处于这一时期的产业在整个产业中所占的比重还很小。当某产业的产出在整个产业系统中的比重迅速增加,并且该产业在促使产业结构变动中的作用也日益扩大时,就可以认为该产业已度过了进入期,开始进入成长阶段。处于成长期阶段的产业的一个主要特征是,该产业的发展速度大大地超过了整个产业系统的平均发展速度,并且其技术进步迅猛而且日趋成熟,市场需求量也迅速扩张,在生命周期曲线上表现为斜率较大、上升较快。经过成长期的迅速增长阶段后,由于其产出的市场容量已渐趋饱和与稳定,该产业对产业结构变动所起的作用也基本上得到了发挥,其发展速度必将放慢。这就标志该产业从成长期步入了成熟期,这时的生命周期曲线表现为斜率很小、变化平缓。该产业在这一时期里,在整个产业中所占的比重与其他阶段相比较是最大的。当技术进步后,市场上出现了在经济上可替代此产品的新产业时,该产业占整个产业的比重就会下降,发展速度开始变为负数,亦即该产业已进入衰退期,所对应的生命周期曲线具有不断下降的趋势,其斜率一般也为负数。

第四节　产业发展规律

产业发展主要包括产业结构的调整、变化、更替和产业主导位置等质量上的变化,因此,产业发展具有一定的规律性。

一、产业发展趋势

进入21世纪后,产业发展也呈现了以下的发展趋势:

(一)产业结构的"三、二、一"取代"一、二、三"

前面已经说过,一个国家的全部经济活动划分为三大产业:第一产业是广义上的农业;第二产业是广义上的工业;第三产业是广义上的服务业。从产业发展的历程来看,一般在工业化的初期,由于科学技术水平和社会生产力水平比较低,整个国民经济的发展以农业为主,三次产业结构产值的比重必然呈现"一、二、三"的总体格局。但是,随着科学技术的进步和生产力水平的提高以及人民生活水平的提高,第二产业取代了第一产业上升为主导产业,三次产业的产值比重变为"二、一、三"或"二、三、一"的格局。随着第三产业上升为主导产业,那么产业结构的格局将会变成"三、二、一"的格局。

（二）新产业中心逐步取代老产业中心

随着科学技术的进步和国际分工的发展，在经济发展不平衡规律的作用下，世界经济有一个向中心转移的趋势，即世界产业活动从老的产业中心向新型的发达国家和少数发展中国家、新型市场经济体转移，整个世界经济中心从欧洲向亚洲、从大西洋向太平洋转移。

（三）绿色产业逐步取代灰色产业

随着社会发展，对产业经济的环保要求越来越高。那种片面追求高效益，资源过度消耗、生态破坏严重、环境污染严重的灰色生产力的发展道路，必然被保持生态平衡、避免环境污染、实现经济适应增长的绿色生产力的发展道路所取代。

产业绿色生产力发展道路就是产业经济绿色化，是指在产业的演化过程中，按照符合自然生态环境系统的有机循环原理建立产业发展模式，使不同类别的产业部门建立起经济资源合理利用和再利用的有机循环模式，尽可能地消除生产和消费环节对环境的破坏，达到产业与自然环境、社会环境的和谐可持续发展。自20世纪90年代以来，绿色产业革命开始兴起，人们对生存与生活质量的要求，使绿色需求成为人们提高生活福利水平的重要内容。世界范围内的生态革命，促成了生态与产业成为一种新型的互动关系。这种关系一方面表现为产业的绿色化含量不断提高；另一方面形成了广泛的生态产业化现象，以生态产品的生产、使用、回收再利用为基本内容的新型生态产业不断发展，传统的三次产业正在向绿色化方向发展。

（四）工业逐步取代农业

所谓农业国主要是指现代化大工业还没有发展起来，农业在工农业总产值和社会生产总值中占绝对优势，以手工劳动为主的国家。所谓工业国主要是指现代化大工业有了高度发展，工业在工农业总产值和社会生产总值中占绝对优势，已经用先进技术装备了国民经济各部门，以机械化、电子化劳动为主。

世界上发达国家和发展中国家的历史反复证明，发展中国家要变成发达国家必须要经历一个由农业国向工业国转变的过程。一般来说，发展中国家工农业结构发展趋势大体上可以表述为农业国、农业工业国、工业农业国、工业国四个阶段。

（五）节约原材料的产业逐步取代消耗原材料的产业

在发达国家中，原材料工业向节约原材料及制造工业转化已成为产业结构调整的一大趋势，即原材料工业比重相对下降，而制造工业的比重相对上升。由于原材料的相对不足，所以各国在产业发展过程中都选择发展节约原材料的工业，一般工业生产正在逐步摆脱原材料密集型的产品加工程序，或者尽量降低原材料成本在整个产品成本中的比重，如塑料的原材料成本不到钢的一半，所有汽车车身的生产现在都是用塑料来取代钢铁，这就是所谓的原材料经济学。

（六）高新技术产业成为世界上产业竞争的主体

高新技术产业以高新技术为基础的产业，是从事一种或多种高新技术及其产品的研究、开发、生产和技术服务的企业集合，这种产业所拥有的关键技术往往开发难度很大，但一旦开发成功，却具有高于一般的经济效益和社会效益。高新技术产业是知识密集、技术密集的产业。产品的主导技术必须属于所确定的高技术领域，而且必须包括高技术领域中处于技术前沿的工艺或技术突破。

二、高新技术产业发展与传统产业改造

高新技术产业的发展与传统产业的改造既是产业经济学的重要内容之一，也是产业发展的规律。

（一）高新技术产业与传统产业的概念

高技术产业是指用当代尖端技术（主要指信息技术、生物工程和新材料等领域）生产高技术产品的产业群，是研究开发投入高，研究开发人员比重大的产业。高新技术产业是指新的科技成果在实际应用和推广的基础上所形成的产业部门。

判定高新技术产业的主要指标有两个：一是研发与开发强度，即研究与开发费用在销售收入中所占比重；二是研发人员（包括科学家、工程师、技术工人）占总员工数的比重。此外，产品的主导技术必须属于所确定的高新技术领域，而且必须包括高新技术领域中处于技术前沿的工艺或技术突破。美国商务部和日本通产省将高新技术产业定义为满足以下条件之一的智力密集型产业部门：①研究开发经费超过其价值增加额10％以上的产业部门；②高科技人员超过其职工总数10％以上的产业部门。

目前世界上的高新技术产业主要有在信息技术的推广和应用基础上形成的信息工业，在电子技术的推广和应用基础上形成的电子工业，在新材料技术的推广和应用基础上形成的新材料工业，在新能源技术的推广和应用基础上形成的新能源工业，在生物工程技术基础上形成的生物工程工业，在宇航和海洋技术基础上形成的宇航工业和海洋工业，等等。

传统产业主要是指在高新技术产业形成前就存在的产业部门。目前我国工业部门绝大多数属于传统产业，其中，主要有钢铁工业、一般的机械制造工业、汽车工业、纺织工业、化学工业、煤炭工业和石油工业等。

（二）高新技术产业和传统产业的主要特征

高新技术产业主要有以下几个特征：

①开始建立时的产值比重不大，但生产增长率高。

②多是知识技术密集型产业，科研经费多，科研人员多且水平高。

③产品的附加价值高。

④对工业和整个国民经济具有较强的推进和带动作用。

传统产业主要有以下几个特征：

①经过长期的发展有相当的规模，产值比重较大，但生产增长率不如新兴工业高。

②绝大多数是劳动密集型和资本密集型产业。

③产品的附加值不如高新技术产业高，但仍然是国民经济的主体和支柱产业。

（三）高新技术产业

在高新技术领域已形成了具有代表性的十大高新技术产业：

①光电子信息产业。以集成电路的发展为基础，信息产业在完成微电子化过渡之后，将形成更新信息手段的光电子信息产业。

②计算机及软件产业。主要是计算机智能化、操作系统、应用软件、智能软件等的开发与完善。

③生物工程产业。主要是以微生物工程、酶工程、细胞工程、遗传工程及蛋白质工程为一体的生物工程产业。

④生物医学产业。在诊断、医疗和人工合成新材料的基础上，人类将有效地掌握生物及人工器官的移植和再造技术，把医疗技术推向能对人体各部位进行有效替换和重建的高新技术水平上。

⑤智能机械产业。

⑥导体产业。主要是指超导材料的迅速产业化。

⑦太阳能产业。

⑧环保产业。

⑨空间产业。在地球领域外开拓新疆土和在外星球采掘新资源是人类空间产业发展的方向。

⑩海洋产业。海水利用、深海采矿、南极开发、海底城市建设等将是海洋产业发展的基本方向。

第五节　产业发展战略

产业发展战略既是产业发展的总体谋划和大政方针，也是政府促进产业发展的关键性措施，产业发展战略的研究还是产业发展研究的重要组成部分。

一、产业发展战略概述

(一) 产业发展战略的含义

产业发展战略是指根据对制约产业发展的各种主客观因素和条件的估量,从全局出发制定的一个较长时间内产业发展所要达到的目标,及实现目标的途径和方法。产业发展战略具有全局性、决定性、长期性和阶段性的基本特征。

(二) 产业发展战略的内容

产业发展战略的基本内容包括战略目标、战略方针、战略措施、战略重点、战略步骤等。

战略目标是一个较长时期内产业结构、产业布局、产业组织、产业发展的速度和规模所要达到的总目标和阶段目标;战略方针是产业发展的基本指导原则,如出口导向、进口替代、重工业优先、各产业均衡发展等;战略措施是实现战略目标所采取的各种对策、方法,包括产业调整、产业选择、产业转移、产业限制、产业扶植、具体产业政策等;战略重点是重点发展的产业;战略步骤是分阶段逐步实现战略目标的程序安排。

产业发展战略实际上是要解决两大问题:一是产业发展要达到什么目标;二是怎样实现产业发展的目标。因此,产业发展战略的五个基本内容,又可以归纳为两方面:战略目标是解决第一个问题;战略方针、战略措施、战略重点和战略步骤都是解决第二个问题,可以统称为战略实现手段。战略目标是产业发展战略的核心,决定战略方针、措施、重点和步骤;战略实现手段又是实现战略目标的保证。战略方针正确与否,战略措施有效与否,战略重点恰当与否,战略步骤合理与否,直接制约战略目标的实现及实现时间的快慢。

二、产业发展战略的主要模式

产业发展战略模式主要体现在以下几方面:

(一) 轻工业优先发展战略

轻工业优先发展战略是指以实现工业化为战略目标、发展轻工业为战略重点的产业发展战略。绝大多数发达国家及新兴工业化国家和地区在工业化过程的初级阶段普遍实行了该种产业发展战略,并且实施的效果相当成功。因此,该战略特别适合处于工业化初期的发展中国家。在工业化初期,经济发展水平低,人们的基本生活需要不能得到满足,迫切需要增加生活消费品的生产。在该阶段,由于缺乏资本、技术落后,发展重工业是有相当困难的。但轻工业作为主要生产生活消费品的产业,一般来说多属于投资少、生产周期短、资本周转快、利润率高的劳动密集型产业,因此以优先发展轻工业作为战略重点,能够扬长避短,扩大就业,加快经济发展,改善人民的生活,积累资本,推动技术进步,为重工业的发展创造市场需求和有利条件。

虽然轻工业优先发展战略能够一举多得,但是如果过长时间地实行这种战略,将难以实现发达的工业化,如果不适时进行战略重点转移、加快发展重工业,就会限制轻工业的发展，无法实现产业结构的优化升级。假若本国发展轻工业所需的机器设备和原材料主要依靠进口，则难以摆脱对外依赖性，不能形成独立完整的工业体系和国民经济体系。因此，只有在工业化初期，或者在前一段时期由于片面发展重工业导致轻工业严重落后的情况下，一国或地区才适合在一定时期内实施轻工业优先发展战略。

（二）重工业优先发展战略

重工业优先发展战略是指以实现发达工业化为战略目标、发展重工业为战略重点的产业发展战略。这是绝大多数发达国家在向发达工业化过渡时期和实行传统计划经济的国家实施过的产业发展战略，并在大多数发达国家取得了相当大的成功。重工业是生产生产资料的工业，是社会扩大再生产、产业技术改造和进步的物质基础，在工业化中、后期的国民经济发展中起主导作用，对推动各个产业部门的发展、建立独立完整的工业体系和国民经济体系、增强国家的综合实力、发展科学技术研究事业和巩固国防等都具有重大的意义。重工业属于资本密集型产业，技术要求也比轻工业高得多。发达国家在轻工业有了巨大发展后积累了大量的资本，技术也有了较大的发展，对生产资料的需要也大幅度快速增长，为重工业发展创造了极为有利的条件。绝大多数发达国家正是利用了这些有利条件，实行由轻工业优先发展战略向重工业优先发展战略的转移，成功实现了发达工业化。

但是，重工业优先发展战略在传统的计划经济国家的实施不是十分成功。这些国家在实施重工业优先发展战略的时候，轻工业一般还没有得到相应的发展，资本缺乏，技术落后，经济发展水平低，不具备发展重工业的必要条件。然而由于政治、外交、军事上的要求和急于求成、盲目冒进的心态等种种因素的影响，这些国家往往片面强调发展重工业，在工业化初期就开始实施重工业优先发展战略，虽然重工业确实有了相当大的发展，也基本上建立了比较完整的工业体系，但却忽视甚至牺牲了农业和轻工业的发展，最终形成了"重工业太重，轻工业太轻、农业落后"的畸形产业结构，经济效益十分低下，发达工业化的目标也难以实现。由此可见，重工业优先发展战略虽然是实现发达工业化的必由之路，但是必须建立在轻工业有了相当发展、重工业与轻工业和农业协调发展的前提下，才能够奏效。

（三）产业平衡发展战略

产业平衡发展战略是指在整个国民经济的各产业部门、各地区同时进行大规模的投资，从而实现产业总体和国民经济全面、协调、快速发展的产业发展战略。这种战略强调大规模的投资和各产业部门、各地区的协调发展，因此，其优点也是显而易见的。实行产业平衡发展战略能够更好地发挥各产业之间相互关联、带动、补充的作用，实现经济的多元化，分散经济风险，避免瓶颈产业、短线产业的制约，减少对少数产业的过分依赖，保持产业总体的高速协调发展和经济的稳定增长。产业的平衡发展又能够进一步促进产业空间布局的合理化，缩小地区差别，实现各地区经济的协调发展。

这种战略虽然理想，但也存在很大的局限性。只有在资源相当丰富、资本十分充足的条件下，才能有效地实施该战略。发展中国家资本短缺、外汇不足、人才缺乏，如果实施平衡发展战略，所有产业都齐头并进，分散用力，一般来讲是很难成功的，最后往往一事无成。因此，产业平衡发展战略并不适合发展中国家。

（四）产业不平衡发展战略

产业不平衡发展战略是指在部分产业和地区重点投资、优先发展，再带动产业总体和整个国民经济发展的产业发展战略。轻工业优先发展战略和重工业优先发展战略都属于这种类型。平衡是相对的，不平衡是绝对的，任何事物的发展都会有先有后，波浪式前进。因此，产业不平衡发展战略实际上是一种更为可行的产业发展战略，绝大多数国家在绝大多数时候都选择实施这种发展战略。

正确有效地实施产业不平衡发展战略，必须恰当选择重点优先发展的产业和地区，一般是先导产业、主导产业、新兴产业、瓶颈产业、短线产业等关联、引导作用大的产业和对产业发展更具有优势、对全局发展影响更大的地区，必须随着情况的变化，及时转移战略重点，不能片面强调某些产业的发展，而忽视其他产业的发展，否则会形成畸形的产业结构、严重的比例失调、不合理的产业布局，从而不利于产业的协调发展。

（五）初级产业出口战略

初级产品出口战略是指以农矿产品的生产和出口为主体的外向型产业发展战略。这种战略的特点是利用本国丰富的自然资源和有利的条件，发展农产品、矿产原料等初级产品生产和出口，积累资金和外汇，为工业化创造条件，以带动整个国民经济的发展。这种战略往往是一些由于长期殖民统治造成经济畸形化的发展中国家在一定时期内唯一可以选择的战略。这些国家只有通过发展初级产品的生产和出口，才能换取自己引进国外先进技术所需要的外汇。另外，一些由于自然资源和条件的限制及许多长期形成的经济、技术、社会等因素的制约，很难在短期内改变落后的经济结构的发展中国家，也不得不采取这种战略。还有一些希望利用自己的传统经济优势，发展拥有一定比较优势的农矿产品的生产和出口，以增加外汇收入，为本国经济发展积累资金的国家，在一定时期内也会实施初级产品出口的产业发展战略。

发展初级产品出口战略，虽然对部分国家增加外汇收入和发展民族经济能起一定的推动作用，但是仍然存在诸多缺陷。由于初级产品出口严重依赖国际市场，供求和价格被国际市场左右并且受制于发达国家，因此存在产品的不等价交换。在国际市场起伏波动较大、竞争日趋激烈的外部环境下，科学技术进步会促使许多替代品出现，对农矿产品的消耗减少。这些都会使农矿产品的贸易条件恶化，初级产品价格呈现下降的趋势，导致出口收益有限且不稳定，甚至有的初级产品出口越多，经济损失越大，形成恶性循环。为改变这种不利状况，发展中国家曾经采取过一些应对对策，如建立原料矿产出口国组织以协调生产和供给，维持和提高产品价格等，试图改变不平等的国际经济旧秩序，保护本国利益。但是，除了石油输出国组织取得了一定的成效之外，其他组织均收效甚微。实践证明，若发展中国家长期实行初级产品出口战略,则无法摆脱对发达国家的依赖,在国际分工中会永远处于不利地位,不可能真正实现工业化和现代化。

(六)进口替代战略

进口替代战略既是一种内向型的发展战略,也是发展中国家工业化初期的必由之路,其核心是通过保护政策,发展满足本国市场所需要的制造业,以本国生产的工业制成品代替原来需要进口的工业制成品。这种战略的特点是以实行工业化为主要战略目标,以发展本国制造业为主要战略方针,以实行贸易保护政策、抵制国外制成品的进口和竞争、保护国内市场和民族工业为主要战略措施。替代进口产业的发展,一般存在两个阶段或两个发展程度不同的层次:一是消费品制造业,二是资本品制造业。后者的发展难度更大、要求更高,只有在本国经济技术已经有了相当发展的情况下,才有条件发展资本品的进口替代产业。发展中国家由于制造业落后,许多工业制成品依赖进口,加上初级产品与制成品之间的不平等贸易,造成了对外贸易逆差,严重影响经济的发展。部分发展中国家因此采取进口替代战略,希望建立和发展本国的制造业,用自己的制成品取代进口的制成品,使国际收支得到平衡,从而发展本民族工业,逐步实现工业化。

进口替代战略是一种既有利又有弊的战略。这种战略通过降低制成品进口率,以减少对发达国家和世界市场的依赖性,有助于改造原来以农为主的产业结构,扩大就业,提高技术水平,增强经济自给能力,对发展中国家建立一定的工业基础和促进经济的增长能起到良好的作用。但是,这种战略也存在明显的弊端。首先,贸易保护政策如作茧自缚,会使本国企业脱离国际竞争,不利于降低生产成本、提高产品质量和劳动生产率、增强国际竞争能力。其次,发展本国工业仍须从国外引进先进技术和设备,会造成对发达国家新的依赖和外汇短缺。最后,重视制造业,忽视其他产业的发展,会使国民经济各部门的比例关系严重失调,导致产业结构不合理。

(七)出口导向战略

出口导向战略是一种外向型经济发展战略,它以比较利益为原则,充分发挥本国自然条件和劳动力廉价的优势,利用发达国家的资金和技术,以国际市场为导向,大力发展出口工业,以工业制成品代替农矿初级产品出口,争取在更大范围和更深程度上参与国际分工和国际竞争,推动产业结构的升级和优化,加速工业化的实现。

部分发展中国家实施出口导向战略开始于20世纪60年代。当时,初级产品出口和进口替代战略的缺陷日益显现,这些国家需要寻求新的发展途径。与此同时,本国已经有了一定的工业基础和一批熟练工人和技术管理人员,政府管理经济的水平有了一定程度的提高,国际经济联系进一步加强。发达国家经济繁荣、生活水平提高,一方面扩大了对工业消费品的需求;另一方面又由于工资成本提高、资本大量过剩,产业开始实行国际转移。正是在这种背景和条件之下,部分国家和地区开始实施出口导向战略,利用劳动力资源丰富廉价的优势,大量引进外国资本和技术,努力发展面向出口的劳动密集型产业,生产成本低、有竞争能力的轻纺业产品，打入国际市场，赚取外汇，从而推动整个国民经济发展。少数发展中国家和地区实施出口导向战略获得了成功，发展成为新兴工业化国家和地区。20世纪70年代中期到80年代，欧美发达国家经济增长速度缓慢，贸易保护主义抬头，再加上出口导向战略的成效比较明显，相当多的发展中国家也开始先后采取这种战略，使得新兴工业化国家和地区又开始"第二次工业化"，即发展重点从劳动密集型产业进一步过渡到资本和技术密集型产业，向更高级的出口加工产业转向，实施新型的出口导向战略。

出口导向战略能够充分利用国际分工和国际产业转移的机遇，发挥资源的比较优势，扩大就业，增加出口和外汇收入，提高科学技术和经济管理水平，实现经济较快增长，加速工业化的进程。但是，这种战略也面临一些难以解决的问题。例如，发达国家贸易保护主义的打击，外债还本付息的负担越来越沉重，产品出口严重依赖风云变幻的世界市场，经济发展在很大程度上取决国际市场对出口制成品的需求，缺乏稳定性等。因此，单纯的出口导向战略，实际上不适合发展中大国。

（八）进口替代与出口导向相结合战略

进口替代与出口导向相结合战略是指进口替代产业与出口导向产业结合并重、协调发展的内外向结合型产业发展战略。进口替代战略和出口导向战略各有利弊，如果把进口替代与出口导向恰当结合，则可以扬长避短、优势互补。在发展进口替代产业，更好地满足国内需求的基础上，实行对外开放，鼓励出口，发展出口导向产业，带动国民经济更快增长，这样既能够加强本国独立自主的产业基础，防止对外的过分依赖，保持本国经济的协调稳定，又能够充分利用国际分工、市场、贸易、资源、投资、技术等的作用，发挥比较优势，获取比较利益，提高经济效益。

这种战略发达国家可以实施，发展中国家同样也可以采取，尤其是发展中的大国。发展中大国幅员辽阔，人口众多，国内市场容量很大，自然资源比较丰富，产业门类比较齐全，更有利于同时发展进口替代产业与出口导向产业。值得注意的是，真正把进口替代与出口导向恰当地结合起来并不是一件容易的事，需要在实践中不断探索。在使用这种产业发展战略时，应特别注意有效地扩大内需，提高本国产业的国际竞争能力，适度利用外资，防范国际国内金融风险。

第六节　产业的可持续发展

一、产业可持续发展的内涵

产业的可持续发展是指产业的总体状况与人口、资源、环境相互协调，并且能够长期持续不断地发展。

可持续发展是在人类社会面临人口爆炸、能源危机、资源短缺、环境污染、生态失衡的严峻挑战,"先污染、后治理,有增长、无发展"的传统经济发展模式已经不能再继续,在 20 世纪 80 年代由联合国提倡的一种社会经济发展的新模式。1980 年 3 月 5 日,联合国大会向全世界发出呼吁:"必须研究自然的、社会的、生态的、经济的以及利用自然资源过程中的基本关系,确保全球的发展。"可持续发展就是经济、社会发展与人口、资源、环境互相协调的,兼顾当代人和子孙后代利益的,能够不断持续下去的发展。

二、产业可持续发展的原则

产业的可持续发展必须坚持以下原则:

第一,产业发展必须与资源和环境的承载能力相协调。要大力发展保护环境的技术和产业、节能降耗的技术和产业,促进新材料、新能源产业的发展,治理和防止环境污染,减少废物排放,加强废物利用,实现清洁生产,改善生态环境,增强产业和经济发展的资源基础,提高环境和资源的承载能力。

第二,产业发展必须保持合理的结构比例。要根据产业发展的状况和消费结构的变化,及时进行产业结构调整,促进产业结构的合理化、高级化,防止产业比例失调、结构失衡,避免积压和短缺,实现产业资源的优化配置,从而更好地满足需求,提高生活质量。

第三,产业发展必须依靠科学技术。要积极发展科学技术,努力发展高新技术产业,用高新技术产业改造提升传统产业,增强产业的技术基础,不断推进产业结构的高级化,提高资源的使用效果,实现产业的高效发展。

第四,产业发展必须有合理的产业布局。要更好地发挥各地区的比较优势,充分利用各地区包括人力资源在内的各种资源,实现地区间产业和经济的协调发展。

产业发展如果充分利用了人力资源,满足了人的生活需要,也就实现了产业发展与人口的协调;产业发展如果保护和改善了环境,也就实现了产业发展与环境的协调;产业发展如果节约、高效利用资源,并且开发了更丰富、更清洁的资源,也就实现了产业发展与资源的协调。实现产业与人口、环境、资源的协调,保持产业的协调、稳定、高效发展,产业总体也就能可持续发展。

第四章 新旧动能转换与企业成长机理阐析

第一节 实施新旧动能转换的内涵与路径

一、实施新旧动能转换的战略意义

需求矛盾的存在与传统资源优势改变预示着必须进行新旧动能有序转换。传统人口红利资源优势的逐步减弱，进行创新发展、加快新旧动能转换成为推动经济发展的重要推动力。

第三次科学技术革命和第四次工业革命对经济发展带来机遇与挑战。中国的"新四大发明"——高铁、网购、支付宝、共享单车的快速发展，说明中国的影响力和经济实力在不断提高，这是科学技术革命和第四次工业革命带来的发展机遇。与此同时，以高投入、高消耗、高污染的传统发展模式受到威胁，正确处理经济发展与工业革命的关系，是促进经济持续发展的重要方面。

生态文明对经济发展模式转变的迫切要求。第四次工业革命——绿色工业革命，其特征和实质是大幅提高资源生产率，经济增长与不可再生资源要素全面脱钩，与二氧化碳等温室气体排放脱钩。在这样的情况下，传统的经济发展模式——以牺牲环境换取发展的模式是不被经济发展所允许且无法适应新的环境，转变经济发展模式迫在眉睫。生态文明建设是中国特色社会主义事业的重要内容，关系人民福祉，关乎民族未来。实现生态文明的健康可持续发展，转变经济发展模式、推动新旧动能转换迫在眉睫。

金融高杠杆给中国经济带来的巨大潜在威胁倒逼加快新旧动能的转换。改革开放后中国的经济得到了持续快速的发展，但由于对要素和投资的过度依赖，导致大量的政府债务、快速扩张的金融信贷以及投机性购买房地产的大幅增加使个人债务快速增长，三者共同作用形成金融高杠杆，使中国经济未来发展受到了很大的威胁，去杠杆，防风险，成为中国经济的头等大事。依靠扩张投资来实现经济发展的方式已经不再适用，通过提高资源使用效率和投资效率来实现经济的转型升级，加快新旧动能转换是必然选择。

经济新常态背景下，人口红利消失，生产要素成本升高，经济发展模式由劳动密集型转向集约型、可持续发展型，今后中国经济要想继续保持平稳较快增长，在新旧动能转换的关键时期，解决技术短缺尤为重要。技术创新的关键在于充分确立企业的主体地位，提升企业的核心竞争力，企业的创新与成长影响着创新型国家建设的步伐，左右着中国的话语权。

二、实施新旧动能转换的内涵

新旧动能转换的基本内涵是通过大力发展新技术、新产业、新模式、新业态为代表的新经济，改造提升传统动能的同时，加快培育壮大新动能，实现新旧动能的接续平稳转换，保持经济持续稳定健康发展。新旧动能转换的基本任务是：通过培育发展新动能，以信息经济、网络经济、分享经济、生物经济、绿色经济、创意经济和智能制造经济等为阶段性重点的新兴经济业态，逐步成为经济增长的新引擎；新兴经济业态进一步渗透到传统产业，制造业新模式、农业新业态、服务业新领域得到拓展深化，提升传统产业的产品和服务在全球价值链中的地位，使传统动能焕发新活力；新旧动能实现平稳接续、协同发力、此消彼长，主要依靠资源配置效率和全要素生产率的大幅提升，实现实体经济发展质量和核心竞争力显著提高，新的经济发展动力得到强化，新的经济结构和增长格局逐步形成。

新旧动能转换是"新动能"对"旧动能"替代的过程，主要包含微观、中观和宏观三个层次的含义：第一，微观视角下，新旧动能转换应该是要素组合方式、要素利用效率、生产技术水平的组合所创造的增长方式的综合改变，从一种较低的平衡增长路径跃升至较高的平衡增长路径的动态过程。第二，中观视角下，新旧动能转换是地区、城乡、产业从非均衡增长向均衡增长转变的动态过程。第三，宏观视角下，新旧动能转换是整个社会由高速度增长向高质量发展转变的动态过程。

新旧动能转换具备三个特性：第一，新旧动能转换是质变的过程。新旧动能转换并不是技术、生产方式量变，而是社会整体生产技术的更新迭代、生产理念的重塑过程，是前期量变累积到一定水平和程度后所发生的质变过程。第二，新旧动能转换属于非平衡增长的过程。新旧动能转换包含三个阶段——转换前、转换中和转换后，转换后会再次走上平衡增长路径，但是在转换的过程中，属于非平衡的变革过程。第三，从发展的角度看，新旧动能转换是高水平的平衡增长路径对低水平平衡增长路径的替代。新旧动能转换之后，社会的生产力水平得到大幅提升，生产理念也实现飞跃，带来更高水平的生产能力。

新旧动能转换的目的是实现更高水平的平衡增长路径、更加均衡的增长和高质量的发展，那么必然经历较为痛苦的转换过程。第一，较低的平衡增长路径中，旧动能效率稳步提升，此时旧动能由于长时间被掌握所形成的高技术效率特征，仍然在经济增长中发挥重要的促进作用；新动能仍然处于孕育发展阶段，并且新动能形成初期虽然具有较高的技术水平，但是技术效率并不高，所以综合来看对全要素生产率的促进作用可能会低于旧动能所带来的作用。从社会发展来看，新动能并不能大规模替代旧动能。第二，新动能逐步替代旧动能的发展阶段。随着新动能的不断发展，"干中学"、知识积累、经验诀窍的掌握，能够促进新动能生产效率的快速提升，新动能能够带来较高的全要素生产率的提升，促进经济高质量发展。在过渡到这一阶段时，旧动能将会逐步退出，新动能逐渐成为促进经济增长的重要力量。第三，达到较高平衡增长路径的发展阶段。随着新动能应用到经济社会的各方面，新动能已经成为主流，进而进入较高的平衡增长路径中。第四，新旧动能转换并不是一蹴而就、一劳永逸，而是需要持续的动态调整过程。新的一轮更为先进的新技术、新产业、新业态、新模式逐渐孕育，带来新一轮的新旧动能转换过程。

三、实施新旧动能转换的路径

鉴于此，对企业创新性影响因素及成长路径进行研究，构建企业创新性评价概念模型，围绕企业生命周期论对企业创新性进行动态评价，具有重要的理论实践价值。

（一）企业体制机制创新引领新旧动能转换

1. 加强顶层设计，实施"一把手创新工程负责制"

基于深化创新型国家建设的现实需要，以及创新内在规律性决定创新的高投入、高风险性，加强顶层设计，实施政府部门一把手的组织、协调和监督，将有助于创新投入的加大、创新人才培育和引进、创新平台的搭建、创新重大项目的决策实施、创新氛围的形成以及创新体制机制的改革等工作的开展。同时，加强"一把手创新工程"考核激励监督制度建设，辅以科学的"重大创新工程项目决策失误免责制"，强力推进创新型企业、双创企业及新兴技术企业建设，引领新旧动能转换。

2. 深化科技供给侧改革

建立科技供给有效性投入机制，通过财政拨款，政府制定融资担保、税收优惠、政府采购等优惠政策加大对企业、高校和研究机构的科学研究与试验发展投入，提高企业科技人员人均科学研究与试验发展经费支出，刺激全国科学研究与试验发展投入总量及投入强度，增强规模以上大中型工业企业和民营企业创新活力，实现与创新需求有效对接。建立科技供给有效性评价制度，建立区分各类创新成果的商业价值与学术价值评价评级标准，明确有效、可转化的科教成果，并给予相应的创新投入。建立科技供给有效性提升机制，建立科技成果项目库和信息发布系统，促进科技成果转化，及时动态发布符合产业转型升级方向、投资规模与产业带动作用大的科技成果包，建立网上技术供给市场与技术创新需求服务平台。拓宽成果转化渠道，加强科技成果从"所有方"向"使用方"流动的承载体建设；完善成果转化平台基地，以高新区为依托，建立一个集产业、资金、研发、转化、孵化、中试、生产、信息、咨询为一体的成果交易、转移、产业化基地，为科研成果向现实生产力转化提供核心支撑平台。

3. 优化创新管理体制机制

充分发挥创新型科技创新领导小组职能，梳理现有创新管理体制机制，整合现有分散于各大部门的创新政策，形成系统统一的"1+X"创新政策体系。制订创新型企业科技创新年度计划，协调组织落实各项创新计划、创新活动。增强各企业科技管理机构的实力，明确科技创新职能职责；优化科技管理人才队伍，提升创新管理服务能力。建立政策制度评价更新机制，及时评价现有政策的时效性、针对性和可操作性；及时发现政策盲区，以保障创新活动有章可循。建立省内创新多方协调机制，打破条块分割，拆除部门之间的合作障碍，建立健全"开放、流动、联合、竞争"的运作机制，促进科研院所、高校和企业科研机构之间多种形式的联合，促进知识流动、人才培养和科技资源共享。建立专利管理机制和保护制度，增强创新人才创新成果的获得感。

（二）新兴技术企业加强产业集聚促进新旧动能转换

1. 培育壮大新兴产业

围绕新兴信息产业、智能制造、节能环保、新能源、生物健康等领域，跨区域科学布局战略性新兴产业，完善产业链，形成上下游联动、分工合理的特色产业带和产业集群，促进产业结构转型升级、新旧动能转换，形成新兴技术企业建设新动能。发挥核心技术企业在战略性新兴产业领域的研发、设计、中试优势，并引导国内外战略性新兴产业类制造企业在全国范围内合理布局，在全国各城市、各市县合理分工建设产业集群、产业化基地，做大做强战略性新兴产业。

2. 培育新兴技术企业创新主体

政府大力引导民间资本、创新要素向新兴技术企业集聚，通过对新兴技术企业专利发明、技术改造、技术创新中心建设和人才引进等的税收减免、直接补贴等优惠政策，推进"政、产、学、研、金、用"协同创新，营造新兴技术企业生态环境，培育更多新兴技术企业创新主体，提升新兴技术企业科学研究与试验发展能力，加快推进产业转型升级，促进新旧动能转换。支持中小微企业申报技术创新项目、专利、驰名商标等，组织实施一批中小微企业自主创新和转型升级项目，引导企业向"专、精、特、新"方向发展。鼓励高等院校、科研院所、重点实验室、企业（工程）技术中心、成果转化服务中心等组成网络化服务体系,对中小企业开放科技资源并提供技术支持。

3. 引进培育创新人才

大力引进科技人才,推进培育新兴技术企业家人才和领军型企业家人才,留住高层次人才和高学历人才。实施"千人创新创业人才计划",对符合标准人才发放"千人创新创业人才计划"人才服务绿卡,享受项目奖励,解决配偶安置、子女就学问题,优先申报专业技术职称,优先推荐申报省政府特殊津贴等优惠政策。多出台具有吸引力的突破性人才政策,优化人才测评方式,健全人才激励保障机制,强化知识产权保护,引进并留住高层次、高学历人才,对于海外高层次人才,设立新兴技术企业引进海外人才专项资金给予资助。同时积极实施人才引进计划,对于高层次人才税收享受国家优惠政策,提供落户、安家补贴,给予生活保障,解决后顾之忧。

(三)企业创新能力提升加快新旧动能转换

1. 全面推进各类创新平台建设

一是搭建协同创新平台。建设专门的产业承接基地和产业协作飞地,鼓励文化事业单位开设分支机构;二是搭建科技创新平台。政府牵头,企业与高校共同参与建设产业技术研究院,加速成果转化,以农业发展为依托的市县设置农业科技集成与示范基地,同时鼓励规模以上企业产学研结合建设企业创新平台;三是搭建资源共享平台,为创新型企业提供信息查询、管理咨询、创业辅导等服务,开展精准创新。

2. 全面建立新兴技术企业研究中心

依托高校、科研院所,整合创新人才资源,加强对新兴技术企业政治、经济、文化、社会全方位综合研究。以政策研究咨询为主要任务,进行数据收集、整理、保存和传播工作,建立全面、准确、动态的研究信息系统,并定期发布某一新兴技术企业的研究发展报告,及时发现发展中的问题,动态调整新兴技术企业创新计划与行动,服务新兴技术企业创新发展。

3. 全面推进园区校区联动

充分发挥中关村科技园区、上海市张江高科技园区、武汉东湖高新区等国家级高新区、开发区的引领作用,构建要素聚集、资源共享、产业上下游高效衔接、互利共赢的园区链。

(1) 加快高新区一区多园建设

高新区可通过产业协作、品牌共享、技术输出、管理模式输出等方式加强示范带动作用。扩大示范区的辐射效应,将可复制、可推广的先行先试试点政策推广到各市县科技园区，建立"园外园"，加强产业、技术、人才对周边区域输出。

（2）实现区—区、区—园对接

本着"长期合作、产业相近、优势互补、资源共享、互惠互利"的原则，国家级高新区、开发区与本市或其他县市的高新区、园区进行对接，建立双向结对机制，实现双方共同繁荣发展。

（3）推进环高校产业带建设

各市县根据辖区高校资源状况推进环高校产业带建设，统筹环高校科教资源，实行开发区式管理，享受开发区的各项扶持、优惠政策，鼓励高校创新团队成立学科型公司和创意工作室；在产业带内设立"一站式"创业管家服务中心，为创业企业提供全程服务，打造"无障碍创业"环境，将环高校产业带建设成为自主创新核心区、科学发展模式示范区。

第二节 新旧动能转换的阶段性与经济发展变化

一、新旧动能转换阶段性划分

中国经济增长阶段的不同以及各阶段约束条件的变化，使生产要素的配置发生了变动，影响产业结构转型升级，导致新旧动能转换。从本质上讲，新旧动能转换与产业结构转型升级相互促进、相互支撑，二者共同促进经济发展方式稳步健康发展。国内学者从旧动能阶段、新旧动能转换阶段和新动能阶段三方面对中国新旧动能转换进行了划分。

（一）旧动能阶段

旧动能主要指的是传统产业和传统经济模式，传统产业又被称为传统行业，主要指劳动力密集型的、以制造加工为主的行业，如制鞋、制衣、光学、机械、制造业等行业。发展劳动密集型产业是中国国情的客观要求，是中国经济发展不可逾越的阶段。该时期经济增长方式主要借助于丰富的农村剩余劳动力资源，立足于"生产要素成本低"这一基本国情和比较优势，造就了以传统产业为主体的产业结构。改革开放以来，发展劳动密集型产业已与新经济发展方式以及产业结构转型升级的要求不相吻合，向新旧动能转换阶段过渡实属必然。

（二）新旧动能转换阶段

新旧动能转换阶段的主要体现是经济发展方式由旧动能向新动能转换的过渡。原来的劳动密集型产业已不能满足新经济的发展，对资源使用效率和方式的关注是该阶段经济增长方式的主要研究内容，随着传统产业向新兴产业的过渡，政府亦强调要把经济工作的重心转移到提高经济效益的轨道上来，经济增长方式也应从粗放型经营转变为集约型经营。为了促进产业结构转型升级，经济学界提出要变"消耗型"增长模式为"效率型"增长模式，变"速度型"增长模式为"结构型"增长模式、实现从"数量型"经济向"质量型"经济的转变。经济新常态下培育壮大新兴产业，改变经济发展方式，调整产业结构，更加有利于中国经济的快速稳步发展。

（三）新动能阶段

新动能阶段的特征体现在技术供给由引进吸收向自主创新转换，大力推动高端制造、生物医药、绿色低碳、数字创意、新能源、新能源汽车等战略性新兴产业发展，利用新技术、新模式、新业态改造升级传统产业。该阶段必须优化创新生态环境，完善创新体制机制，深化科技创新供给侧改革，推动"大众创业，万众创新"，激励勇于创新的企业家精神，实现资源优化再配置，加速产业结构转型升级，发挥经济体制改革牵引作用，推动经济社会持续健康发展。

二、新旧动能阶段性特征

改革开放以来，中国经济体制持续改革，对外开放不断深入，经济发展速度由高速向中高速转化，经济发展进入新常态，下行压力加大。目前，中国经济仍处于增速换挡、经济转型、深化供给侧结构性改革的阶段，在此阶段最重要的任务是要加快培育新动能，实现新旧动能有序转换。新旧动能转换不同阶段，经济发展方式呈现出不同的阶段性特征。

（一）经济增长方式转换

旧动能阶段的传统经济增长方式主要得益于充裕的劳动力资源和低廉的生产要素成本，但随着经济的迅速发展，市场供需格局也发生了转变，一般性消费品和生产资料普遍供不应求的时代基本结束，全面买方市场格局初步形成，经济增长方式也随之转变。首先，经济增长方式从以数量扩张为特征的粗放型增长转变为以质量效益为特征的集约型增长方式；其次，政府宏观调控目标从有效控制物价、抑制需求膨胀和限制投资转向促进经济增长、扩大消费需求、创造就业机会和保持社会稳定。最后，产业结构调整从协调比例关系转向促进产业结构优化和升级。

（二）产业结构发生改变

随着经济结构优化升级，三次产业结构从旧动能阶段的"二三一"结构转变成现阶段的"三二一"结构，发生了战略性改变。许多产业内部结构也发生了质的改变，如传统制造业致力于通过降低环境污染、减少能源消耗等方式实现产品层次提升和产业结构转型升级。新旧动能转换阶段战略性新兴产业发展迅速，低能耗、高附加值产品应运而生，较强竞争力企业规模不断扩大。

（三）工业化进程演进

从反映工业化阶段演进的人均收入水平、三大产业产值结构和就业结构的变化来看，21世纪初中国工业化进程已跨越初级阶段，进入中级阶段。现阶段，中国主要通过推进工业结构升级来带动工业增长质量和提高国际竞争力，加快传统产业的技术改造和新兴产业的发展，推进城市化、市场化与工业化的协调发展，大力提高第三产业产值占国内生产总值的比重，以进一步推进工业强国的建设。

三、新旧动能转换前后经济发展变化

（一）资源要素优势的改变

过去几十年，在旧动能的引领下，中国经济增长模式可以概括为资源消耗性、劳动密集型、环境污染型、大量投资型、中低端产品大量出口型、房地产拉动型和改革促进型，即中国几十年来经济增长主要得益于显著的人口红利和其他自然资源投入、大量投资、大量中低端产品出口、大量房地产投资和改革拉动的。该时期中国经济高速增长，靠的是富裕的农村剩余劳动力和低廉的生产要素成本，当然，也有技术进步的巨大贡献。该时期中国经济发展依靠旧动能的现状，依赖于中国经济发展的阶段性和约束条件，中国拥有世界上最多的人口，但是技术落后、教育落后，只能大量利用劳动力，依靠大量资源投入，当然也只能发展中低端产业，大量出口中低端产品，这些必然导致能量消耗和环境污染。这一时期所有的增长和发展的原动力均来源于"改革"，包括观念创新和体制改革，尤其是经济体制改革。

近年来，新技术、新产业、新业态、新模式的"新动能"不断涌现。在需求方面，消费者消费结构的转变促进了主要包括服务业的第三产业的发展，刺激了国民生产总值的明显提升。这一转变间接地改变了国内资源市场的配置方式及效率，从而引起了资源需求数量和相对价格的变化。

（二）需求结构和水平以及对供给结构和水平要求的变化

在十九大报告中，习近平总书记指出，中国特色社会主义进入新时代，我国社会的主要矛盾已经转化为人民日益增长的美好生活需要和不平衡不充分的发展之间的矛盾。中国经济如今处于全面建成小康社会的最后阶段——攻坚期。这一关键时期消费结构的变化十分明显,主要表现在消费者对物质文化需求得到满足,更加注重追求精神、健康、文化方面的生活追求,这一需求结构的改变,促使消费对经济增长的拉动力在逐步增强,新的消费热点向休闲旅游、健康养老、文化教育转移。

在中国经济进入发展新常态的背景下,经济增长速度由高速增长转化为了中高速增长,为了适应消费者消费结构的变化,如今落后的供给结构和水平已开始向增加供给的质量和效益转变,即加快供给侧结构性改革,满足消费者对健康精神和美好生活的追求。这一变化是消费和供给结构相辅相成共同促进的过程。

(三)经济增长空间的明显扩展

在经济转型期,中国经济国内、国际增长的空间都在不断扩大。一方面,国内增长空间的扩大主要表现在:中西部地区经济发展平稳增长,缩小了与东部地区的发展差距。中西部地区经济增长速率的提高主要依靠正在形成的新的增长极或活跃区域,在国家的支持下,中西部市场需求较之前有明显的增长,激发了中西部地区经济的活力,对经济稳健增长有良好的经济意义。另一方面,国际经济增长空间的扩大主要表现在:中国特色社会主义进入新时代的基本国情下,中国科学技术和经济的发展取得了世界瞩目的成就,明显拓宽了经济和科技的发展视野。中国政府和企业关注的不仅仅局限在中国市场,而是越来越以全球的视野来协调市场的发展,旨在促进全球经济的复苏和平稳增长,进一步带动国内经济的优化发展。

(四)机遇和挑战的转变

面对世界经济复苏乏力,国内经济发展进入新常态,传统产业对经济增长的促进作用处于相对乏力状态,为了适应新的经济政策,有效稳健地促进经济增长要依靠科技的创新,这一追求已经成为人们的共识。如今的世界正处于重大科技革命时代,第四次工业革命的来临促使新机遇、新挑战的产生。从世界经济的角度来看,新科技革命的到来会引导世界各国工业格局更加顺应时代发展的要求。在这一经济转变的关键时期,只有抓住机遇,把握时机,注重科技的发明与应用,中国经济才会出现质的飞跃。所以,中国要在这强有力的国际经济背景下,更加注重创新创业,紧随世界科技革命的步伐,才会走在世界的前列。

(五)对生态文明的不断追求引发经济增长模式的改进

在第十八届中央委员会第五次全体会议提出的五大发展理念中,"绿色"发展理念引起了中国政府和企业的重视。在中国传统的产业中,重工业比重大,致使传统经济增长模式的主要着力点与"绿色"发展理念相违背。"绿色"发展理念通过实现经济长久稳健发展与生态文明建设相融合。为了适应现阶段人们对生态环境的要求，在新阶段，我们必须从根源上改变以生态环境破坏为代价的经济发展模式，大力实施绿色协调发展，推进生产方式和生产要素从源头上的改革，极力寻找符合"绿色"发展理念的新动能。

（六）中国经济巨大潜在压力的变化

中国经济发展总体上是稳中有进，人口和经济总量大，产业体系相对健全且稳定性好。但由于在过去的市场经济发展中，传统企业对要素驱动和投资驱动过度依赖致使政府处于资不抵债的局面；房地产市场的迅速发展使得投机性购房大幅提升，增加了个人信贷的比例。为了满足人们的各种投资需求，中国金融信贷的扩张速度和规模也在不断扩大。这些原因导致了金融市场上的高杠杆现象，这一现象的存在使得中国经济持续长久发展的历程面临更大的风险。面对这一风险，中国倡导以去杠杆、防风险的方式追求经济的可持续发展。因此，过去以大规模扩张性投资为主要手段的经济发展方式将逐渐被淘汰，同时政府将实行稳健的经济政策，在发展中寻求有效的发展途径，通过创新产业来提高劳动要素生产率和资源的利用率，从而实现中国经济的转型升级。

第三节 新旧动能转换与企业成长机理阐析

一、创新与成长关系模型

所谓"创新"，就是建立一种新的生产函数，把从来没有过的关于生产要素和生产条件的新组合引入生产体系。熊彼特将创新视为经济增长的内生因素，认为创新和发展并非从外部强加而来，而是内部自行发生的变化。这实际上强调了创新的本源驱动和核心地位，创新学说开始逐渐向企业成长研究领域渗透。

创新是一个系统性概念，根据创新对象的不同，可分为技术创新、知识创新、组织创新、制度创新等。技术创新是指企业应用创新的知识、新技术和新工艺，开发生产新的产品、提供新的服务。技术创新又包括产品创新及工艺创新。知识创新是指通过科学研究，包括基础研究和应用研究，获得新的基础科学和技术科学知识的过程，知识创新和技术创新是企业创新的主要方面，两者间存在着复杂的交互作用。组织创新是企业组织和管理手段创新，包括组织形式的多元化、管理手段和工具的现代化以及已有资源的整合等。制度创新是指通过在现有的产权、分配等制度间做出协调以降低交易成本的制度安排。

作为现代经济活动的微观主体，企业的成长是宏观经济的具体表现，是整个宏观经济发展的缩影，对于保持经济稳定增长、提供充分的就业岗位、进行自主创新和实现经济发展方式的转变具有至关重要的作用。创新理论认为，未来的垄断租金吸引着企业进行创新，企业通过创新来改变市场结构，使企业拥有一定的市场垄断权利，垄断租金又推动企业进一步创新。工艺创新可以提高劳动生产率，产品创新能使企业及时应对市场的变化。因此，创新可以帮助企业及时把握市场机遇，有效提升成长绩效。

总体而言，技术创新对企业成长的驱动力既与产业的技术特性有关，又与企业的生命周期密切相关。

二、新旧动能转换与企业成长机理

企业创新能力的提升能够提高企业的核心竞争力，是新旧动能转换的关键驱动力，同时在创新的每个环节，都有知识、技术、信息、数据等新生产要素的不断投入，形成一个动态的整体，在经济循序渐进发展中实现新旧动能转换。在资源枯竭的约束力、环境负效应的压力下，各企业为了在效益追逐和竞争中占据优势，不得不主动创新，寻求技术进步，因此新旧动能转换的根本落脚点在于创新驱动。

（一）技术创新对新旧动能转换的影响

技术进步对新旧动能转换具有至关重要的作用。当外生制度一定时，经济增长主要依靠生产要素的投入和技术进步。随着自然资源的减少和人口红利的消失，技术进步成为推动经济增长的主要动力。传统产业与新兴产业的交替过程，实际上就是依靠技术进步改造旧动能和培育新动能，在新旧动能此消彼长的过程中调整产业结构，促进经济可持续发展。中国近些年的高速经济增长，主要依靠投入要素数量的增加驱动，实现经济总量的扩张；当前资源和环境约束日益突出，技术创新对经济增长的作用日益明显。因此，要加快实施创新驱动发展战略，要求企业加大技术研发投入力度，攻克技术发展瓶颈和难关，再以新技术大力改造传统产业，积极培育新的增长动力，最终实现经济质量和效益的提升。

（二）服务创新对新旧动能转换的影响

随着经济全球化进程的推进和网络信息技术的快速发展，市场竞争变得日益激烈和残酷，消费者需求逐渐向个性化、多样化转变。单纯的生产活动和传统的生产销售方式已经难以满足消费者的需求。企业作为市场的主体，在拉动市场需求、促进经济增长方面处于至关重要的地位，必须不断提高自主创新意识。

服务创新是企业升级传统动能转换的动力源泉之一。尽管传统产能相对成熟且拥有较大市场份额,但企业要看到市场趋势,在产业发展过程和市场竞争中随时关注消费者的需求变化,并预测未来消费者需求的可能变化,只有这样才能抓住机遇,发现商机。

第五章 区域经济发展研究

第一节 经济发展的概念与理论

一、经济增长

经济增长的含义和衡量指标：

"经济增长"和"经济发展"的概念最初起源于英文"growth"，这一英文单词有两种含义：一是生长、发育、成长；二是增大、发展、增长。早期的西方经济学家没有发现"growth"和"development"的区别。在很多经济文献中，都使用"growth"。往后慢慢发现了它们的区别。"经济发展"适用于不发达国家的经济，而"经济增长"主要用于发达国家的经济。应该说，把各有所指的"经济增长"和"经济发展"区别开来是一种进步，但是如果仅局限于不发达和发达国家这两种经济形态的研究上来区别二者，也就添上了唯心主义与形而上学的色彩。实际上，工业革命后富国和穷国的差距才逐渐拉大，并且经济的增长和发展是永无止境的，从经济的进步来看的话，只不过会存在经济发展和增长所产生快慢的差异性和先后性以及发展阶段的相似性，不会出现上述的情况，也就是经济发展归为不发达国家，却把经济增长归为发达国家。

通常认为，一个国家或一个地区在一定的时期内出现的收入的增长或实际产值的增长就是经济增长，它一般表示为国民的生产总值或收入的增长。通常所指的是，在产量上有一定的增加。其中不仅仅包含着由投资带来的增加成分，也包括了提高生产效率而增加的产量。

国内生产总值的增长率是经济增长的衡量标准。国民生产总值，英文 Gross Domestic Product，简称 GDP，指的是一个地区或者一个国家在一定时期内生产和提供的最终所使用的货物和服务的总价值。全社会在一定时期内所使用的各种消费品、投资品和服务的总和，就是从实物形态上来考察的国内生产总值；新创造的价值和固定资产折旧与各产业部门的增加值的和就是从价值形态上来考察的国内生产总值。经济增长的额度在报告期用相对量和绝对量均可。一个国家经济增长的幅度或增长率就等于用经济增长的绝对额除以基期总量后减去 1，用报告期的总量减去基期的总量是经济增长的绝对额。

看其产生与发展的历史，发现经济增长的理论和技术进步的理论从最初出现就紧密地联合在一起了。经济增长理论研究的对象是经济的一个长期增长过程，在这个过程中各种增长因素都发挥了自己的作用,技术进步促进了经济增长。技术进步随着经济理论的不断发展,将会成为重要的研究对象。

二、经济发展

(一)经济发展的含义

经济发展的含义是广义的,它不仅仅是一个单纯的经济现象,它还包括经济结构上的变动、不利于经济进步的社会政治制度和实际收入一个长期持续性的提高的变革。也就是说,它体现了国家的社会制度内部和经济结构的变革,而且成为社会政治制度协调和社会经济结构进步的体现。

(二)经济发展的测度

经济发展所表现出的多面性并不适合定义为单一的含义。"除非能用某种方法衡量某一事物,否则就不可能更多地了解它",这一论断的提出,使得经济学家开始研究一种能够衡量经济发展的标准。

人们习惯以人均国民收入、人均国内生产总值和人均国民生产总值作为衡量经济发展的指标,并用来区分发达和不发达的国家。这种衡量的指标存在着一定的缺陷:

①度量和被度量的事物二者相差较为悬殊,也就是人均收入当作总平均数,并不能够囊括经济发展的特性和范围。

②统计上具有不可靠性。一是体现在统计资料不够准确、完整;二是各国专业化水平有一定的差距,产值与度量方法会出现偏差。没有通过市场的产品和劳务不容易被计算,这会使人均收入指标不准确。

③国内收入分配的情况不只由人均收入来体现。人均收入提高,也可能是少数的上层阶级收入有了很大的提高,中下层的广大群众收入可能并没有多少变化。

因为把人均收入当作发展程度指标是具有缺陷性的,很多人就提出了一些其他的标准来代替它。

《社会、政治与经济发展——量的探讨》一书中提出了一套新的指标体系,并分为三大类:

一是社会文化指数,经济发展在过程中所涉及的社会层面的问题。它能够体现在经济发展过程中社会文化起到的作用。具体地描述经济发展的社会结构特征。

二是政治指数,体现国家现代化的政治形象。它的目的在于研究政治经济的关系。

三是经济指数,用来体现经济的变化和其结构。包含了生产技术设备先进程度、农业组织特点、农业技术应用设备的水平、肥料等 41 个指数,全面地概括了各个国家在经济发展过程中,社会、经济、政治三方面转型的主要特征。

联合国社会发展研究所设计的综合指标体系。这一指标系统共含有 16 项指标,有一模块是社会指标，另一模块是经济指标。这 16 项指标如下：中小学生的人数、人均所耗费的动物蛋白质、农业中成年劳动力所占的比例、出生时的预期生存年龄、职业教育入学水平比例、人均住房面积、工薪收入者在整个从事经济活动的人口中所占的百分比、制造业在国内生产总值中所占的百分比等。

上述是对经济发展衡量指标的总体概述。不幸的是，在理论界用来确定该国经济发展状况的指标还没有形成统一的标准。在对上述内容总体概括分析指标的基础上，我们得出下面的这四种指标能较好地反映经济发展的状况。

①人均实际收入。

②经济结构指标，即全社会投入产出结构、价格结构、就业结构等。

③收入分配和生活质量指标。可用洛伦兹曲线、基尼系数、贫困加权增长指数（衡量一国收入分配的进步，测度总福利的增长状况）以及人均寿命、医疗卫生条件等。

④社会政治制度结构指标。

三、经济发展与经济增长的关系

（一）经济发展与经济增长的区别

综上所述，我们能够看到，经济增长通常是指在生产中的净增加，总结国家或地区进行的一段时间内（通常为一年期）的实际（按固定价格计算）收入的输出值，经济增长通常表示为国民生产总值、国内生产总值或国民收入的增加。与经济发展相关的内容和因素比经济增长更为宽广，它不仅包括国民生产总值，或国民收入的增长，还包括伴随产出的效益或收入增加的产品种类的结构变化。这些结构的变化会影响产出结构的变化是由投入结构的变化导致的。投入结构的变化一方面与增加或排除投入数据的生产或处理有关。这表明许多新兴经济部门的出现，如新制造业、金融、交通、通信和管理以及旧经济部门的弱化或消减，与其相对应的投资结构、就业结构、收入结构、价格和生产结构的相关变化；另一方面也意味着社会、企业生产过程中的管理体系发生变化。换句话说，经济发展主要是指国家的经济结构和社会制度结构的变化。这些结构的改变所产生的力量促进了经济快速发展。因此，把经济发展概括为"增长"或"变化"——经济结构的变化和社会制度结构的变化并不是不合理的。

基于以上所概述的，我们能够了解到，经济的发展涵盖经济的增长，这两者并不是相等的。在经济发展初期，经济的发展可以导致经济增长，经济增长不一定带来经济的发展。特别需要注意的是，比如说 20 世纪六七十年代大多数发展中国家，这些国家的经济增长并没有带来经济的向前发展。其中的一些国家经济增长速度非常快，但并没有带来很大的经济效益从而导致经济发展缓慢，那时出现了"经济有增长但经济不发展的状况"或"经济未发展但经济增长的状况"。

（二）经济发展与经济增长的联系

经济的发展和增长这两者是既有不同又相互关联相互影响的。经济的增长是经济发展的基本物质条件，经济的发展也会带来经济增长这样的结果。但是经济的增长不一定会促进经济的发展，但经济的发展必然会带来经济增长这样一个结果。或者是说，存在"经济没有发展但有增长"这种说法，却不存在"经济没有增长但有发展"这种说法。然而，应该明确强调，经济发展所带来的经济增长应该是多元化生产增长的结果，是国家结构多变化或国家经济发展方案是定量的结果。因此，经济发展带来经济增长，或者是说经济的增长就是经济发展的一个分支。

从本质上说经济发展和经济增长是相互关联的。然而，这样的关系并不是与生俱来的，是后天形成的一个过程，受到许多因素的影响。像西方那样的发达国家，自身经历了长期发展，经受了多种磨难，社会分工和社会化程度非常明确，因此该部门或地区的经济增长将有序地向该国其他部门或地区转移，从而带动该国各个地区的全面发展。但在发展中国家这种情况却截然不同，发展中国家的经济、社会化程度相对来说比较落后，没有形成完整的体系，导致各个部门和地区间的相互联系不紧密；再有外在因素的影响，对经济的增长带来危害，限制了其经济结构的变化从而阻碍经济的发展。

（三）经济发展阶段论

就和人们通常所谈论的一样，经济要想持续发展，都会经历一个相类似的过程，经历的时间或长或短，但每个阶段都大不一样，这不会影响人们对于经济发展阶段的评判。

在古典的经济学派中，对经济的发展进行了划分，分为狩猎、游牧和农耕。在此基础上，历史学派又一次进行了划分，增加了农工和农工商阶段。紧接着，旧历史学派认为可以把物质交换或者货币兑换作为一种标志，经济发展从而可以看作是：①实物经济，就是物品和物品相互交换的过程；②货币经济，就是通过货币购买商品的经济活动；③信用经济，就是提前消费，消除贫困的终极目标。在19世纪后半段，新兴的历史学派提出了另外的划分方法，主要是根据经济生活的范围和其各地区对应的政策分为农村经济、城市经济和国民经济。

现代的西方经济学家更加注重的是，经济的演变和人类生活相同的地方，同样的经历"幼年""成年"和"衰老"这三个过程。经济的发展是连续的，并且在每个阶段的人的经济活动的主导地位分别是：第一产业、第二产业和第三产业。开始时每个国家都是第一产业生产国；随后，在满足基本需求的情况下，资源转化为生产，这时向第二产业过渡；最终，人们生活质量获得提高，有更多休闲的活动，以及产品的市场日趋饱和，制造业向服务业开始转换，即第三产业。

世界各个国家和地区经济发展的五个阶段。①传统社会，在此阶段主要依靠体力劳动，没有先进的科学技术，主要发展农业。②"起飞"的过渡阶段，一些科学知识、新兴技术的出现，主要应用在工业、农业。③"起飞"阶段，即工业革命的前期，工业快速发展，新兴技术得到大规模的应用和推广,资本家开始出现,投资增加,农业部门的效率显著提高。④"成熟"的过渡阶段,科学技术的普遍应用,从"起飞"到"成熟"大概要经历60年。⑤"成熟"阶段,人们生活水平的提高,大规模消费群体的出现,出现更多的娱乐休闲活动,更加注重生活质量。

马克思对经济的发展也有其自己的理解,在其著作《政治经济学批判》中讨论了生产力与生产关系,并且在社会进化的几个时代中具体阐述了远古的、古代的、封建社会的及当代资本主义的生产形势,而这些是唯物主义的经济发展观念。

第二节 区域经济发展的相关理论

一、区域经济增长理论

(一)古典经济学派的经济增长理论

一个国家的整体分工情况能够反映其富裕程度,根本原因在于分工合作能够更有利于创造发明,这些发明创造的机械能够投入到生产中,减少体力劳动,提高生产力从而有助于经济的增长。"仅仅有两种方式去提高各个时期土地和劳动的产出物,一是对社会上聘用的有用劳动的生产力进行行之有效的改进;二是加大聘用的数量。有用劳动生产力的改进,主要是:其一,看劳动者的劳动能力,是否能吃苦耐劳;其二,对机械进行改进,从而可以提高效率。"这里工人技术能力的提高和机械进一步的改进是与技术进步密不可分的。从上面的论述中我们意识到,技术的进步使它成为除了资本和劳动之外能够带动经济增长的一个重要条件。国民财富的增长能够通过两种方式去实现。其中之一是增加收入来支持生产性工作;另一种是在不增加劳动量的情况下,能够提高生产等量劳动力的效率。在后一种情况下,需要改进各种因素的组合,从而达到一定量的投入能够实现更高的生产率。这只能通过技术改进带来的进步和机器的使用来实现。

(二)新古典经济学派的经济增长理论

新古典经济学家将经济的增长看作是一个独立专业的研究领域。技术的快速发展对经济的增长将产生重要影响,但技术的快速发展是经济体系中的外生变量。技术的快速发展在经济增长中比劳动和资本发挥的作用更大。经济学家同样将技术看成一种资本,并且在测量技术的快速发展对经济增长的作用方面做了大量的证实工作。这些经济学家的结论是一样的,即技术的快速发展对经济增长起到积极作用。

(三)新经济增长学派的经济增长理论

在20世纪80年代中期和后期迅速发展起来的理论,主要是基于两种想法,技术的快速发展和经济增长之间的关系去讨论：其一，用生产劳动中积累的资本去表示知识水平对于技术快速发展是内生的，这种类型的模型称为知识积累模型，即 AK（知识积累）模型；其二，技术的快速发展取决于对人力资本建设的投入，主要体现在研究和开发上，这种模式被称为研究和发展的模型。

二、区域经济发展阶段理论

区域经济增长并不是以同样的速度运行在一条直线上，而是以不同的时间和速度进行。开发过程是一个循序渐进的曲线。在每个发展阶段，区域经济的产业结构、空间规划、经济实力和增长速度表现出不同的特点。研究地方经济发展的过程中，地方经济由低到高，从贫穷走向富裕，并在每一个阶段，找出区域经济的特点，是非常困难的。

根据各个地区或者各个国家，甚至根据世界的科学水平、工业发展的状况，或者这个地区主要的产业，将经济的发展分为六个阶段：

1. 传统社会阶段

这个阶段是经济增长的初始阶段，一般是早期社会，还未出现牛顿力学及相应的科学技术，其主要的经济来源是农业，该社会地理区域包括古代中国、中东以及全世界，在牛顿力学诞生之后，传统社会也应该包括那些没有现代技术作为标志的文明。该阶段经济增长的特点：主要依靠人类劳动，没有相应的科学技术，绝大部分以农耕为主，人民的收入仅能维持生存，整个社会结构僵化，生产力低下。

2. 经济起飞准备阶段

这一阶段是经济的一个过渡阶段，逐步形成经济增长所需要的各种条件。一般是说从传统向"起飞"过渡的阶段，跟 17 世纪末 18 世纪初的西欧相类似。其最主要的特征是：在农业和工业中逐渐应用新兴的科学技术，金融机构渐渐出现在这个历史舞台上，交通条件明显得到改善，业务规模不断向外延伸，经济增长阻力越来越小，但人民的收入还是少得可怜。

3. 经济起飞阶段

这个阶段是经济飞速发展最重要的阶段，决定以后该地区经济的状况怎样。在此阶段最重要的是：农业和工业依据先进的科学技术去引导生产；净经济投资增加到国民收入的10%；工业部门的出现反过来又带动了其他相关的辅助部门的发展。总的来说，在这个阶段，地区（国家）的储蓄增加了，这导致了一个不断扩大的企业家战略，人均产生的效益大幅度增加。这个阶段持续 20～30 年。如果区域经济要实现"起飞"，它必须具备三个条件：首先，必须增加生产性投资，这相当于国民收入的 10%；其次，建立制造业是代表龙头企业去带动其他产业的发展；最后，创造一个确保经济"起飞"的政治、经济和体制环境。

4. 向成熟推进阶段

这个阶段是经济起飞阶段发展后的一个必然阶段，经济表现为持续性的进步。科学技术影响了广泛的经济活动，企业家投资的增长超过了人口的增长。此阶段的主要特点是：一些现代技术在经济领域被广泛使用；行业向多元化方向发展，产业结构的产业化和服务趋势正在逐步发展。主要行业从煤炭、纺织和其他行业转化为重工业，如机械、钢铁；较高的投资增长率，占国民收入的10%～20%；不管是生产还是人口都出现了增长，生产的增长速度要比人口的增长速度快，农业劳动力数量比重显著下降。在起飞结束时由40%降到20%；而教育产业也得到快速发展，职工教育水平和专业技能水平提高，创业阶层出现在社会结构中。成熟阶段持续约60年的时间。尽管发展的过程有波动，但这是一个不断保持增长的时期。

5. 高额消费阶段

这主要是经济特别发达的工业社会。此阶段的特点：人均收入显著增加，消费水平已显著上升，而实际的人均收入已经让很多人去除了衣、食、住、行等消费品、耐用品的需求。服务业发达，地区间的产业结构已从重化工转向消费品；商业竞争越来越激烈，垄断资本主义逐渐萌芽；生产能力超过偿付能力，政府开始通过财政、税收、金融等政策去强制性地干预经济的发展。

6. 追求生活质量阶段

这主要适用于后工业社会。这个阶段的特点：再一次提高人均国民收入，从满足基本生活需求转变到实现精神生活需要，如文化娱乐以及环境质量。服务业在产业结构中排名第一，包括公共教育、医疗机构和市政。住房、社保、文娱设施、旅游等产业部门不仅形式多样，并且这种产业规模非常大，已然成为新的主导产业。这样一个行业为人们提供了别样的服务，不像工业社会、农业社会那样生产产品、粮食。

在上述描述的六个区域经济发展的阶段中，"起飞""追求生活质量"阶段是经济快速发展过程中特别重要的两个阶段，使其经济快速发展。地区经济快速发展处在哪个阶段，主要依靠该地区的主要产业和科技在制造过程中的所占比重。但该理论忽视了需要注意的一点，即该地区的生产关系也会带动经济的发展。所以该理论有一定的局限性。

三、区域生命周期理论

区域生命周期理论指出，一旦创建工业区，它就会随着规则发生一系列变化，从青年到成熟到老年，成为活的有机体。该地区的不同阶段面临许多不同的问题，并且所处的地位也在不断竞争着。

区域工业处于青年期间时，市场显著扩大。该地区的区域比较优势得到认可，并投入大量的资金。青年工业区域的竞争优势非常显著，生产成本非常低，而且市场还特别广阔。

在发展到成熟阶段，工业区在其他地区占主导地位。其管理人员因其专业知识而被调到其他地区。该地区的竞争开始变得越来越激烈。成熟的工业园区仍然可以保持自己区域的优势。

在老年时代，最初的成本优势逐渐消失，市场变化显著。其他地区可能会接收到新的更便宜的原材料，同时他们可以以相对便宜的价格购买足够的熟练劳动力。该地区的旧工厂和机械设备可能已经过时，税收增加，土地之间的竞争使厂房无法扩展。拥挤已经司空见惯，其吸引投资资源的能力越来越不如从前，进入老年的地区可能被逐渐代替直至消亡。当然，老年区可以通过新的创新重新焕发活力，进入一个新的生命周期。

四、区域经济发展竞争优势理论

（一）区域发展的比较优势理论

区域优势理论是国际贸易分工的基础理论，是指具有绝对优势理论。分工是经济发展的活力源泉。经济的向前发展不需要多余的控制，而只是市场这只看不见的手去操纵经济的发展。一个国家或地区要想快速发展，就必须按照绝对成本理论的原理去大规模地生产和出口产品，在交易过程中才能获得绝对优势。

比较优势理论来自古典学派提出的比较成本理论。之后这个理论被区域经济学家用来对比不同地区之间的发展效益。运用生产力的差异，即劳动生产率水平来说明比较优势是怎样形成的。国家或地区应根据具有比较优势的因素开展专门的生产和出口产品。不过，该理论没有解释为什么会出现区域，为什么某个国家（地区）生产出的产品可以更便宜，在生产率差异之间哪些因素起着决定性的作用。

后来其他两位经济学家比较优势理论发展出了"资源禀赋论"（又叫作赫克歇尔－俄林理论）。他们相信所有产品都需要在不同的生产要素之间进行组合。根据生产过程中生产要素密度的不同，国家（地区）贸易品一般可以分为劳动密集、资源密集、资本密集型、技术密集四大类。如果生产要素不容易在国家（地区）之间相互交流，那么作为因素流动的替代品的国家（地区）贸易具有优化因素分配的功能。富含某些元素但没有其他元素的国家（地区）可以生产需要大量丰富元素的产品，并且只需要少量的缺陷元素，各国（地区）应根据生产要素（地区）的丰富和不足，开展国际分工。使生产要素得到最有效的利用，资源得到有效分配，从而增加国家（地区）的总体生产。

第二次世界大战后，技术在经济发展中的作用越来越重要。比较优势的新兴代表提出了产品生命周期理论，并将其产品分为三个阶段：新生、成熟和标准化阶段。在新生阶段期间，技术能力较强的地区有非常大的优势，可以进行垄断性的贸易。在成熟阶段期间，比较优势主要来自科学技术的广泛应用及销售和规章制度等因素。先进的科学技术向落后的地区进行技术渗透，贸易也开始发生在这两个不同类型的地区之间；在标准化阶段期间，由于技术扩散，技术的可用性逐步增强，并且生产越来越受劳动生产率成本的影响，生产逐渐向技术落后的区域发展，贸易结构也发生变化，逐渐从落后地区向经济繁荣地区供应商品。事实上，产品周期理论也表明，一个国家或地区的单一因素不是一个有利的因素，而是不同因素的组合。

（二）区域发展的竞争优势理论

迈克尔·波特在《国家竞争优势》中对提高竞争优势理论进行了进一步的完善。他认为，该国繁荣富强的主要原因是该国在国际市场上被其他国家所认可，具有其竞争优势，是因为这个国家的主导产业在国际市场上具有竞争优势，而主导产业的竞争优势与企业密切相关，因此它们的创新创造机制提高了对产品的生产效率。该国的竞争优势主要体现在公司和行业在国际市场上的竞争优势。它包括六个因素：生产要素、内需、相关产业、各企业间的战略性结构和竞争，以及政府的作用和能力。从而组成了该国竞争优势的"钻石模型"（见图5-1）

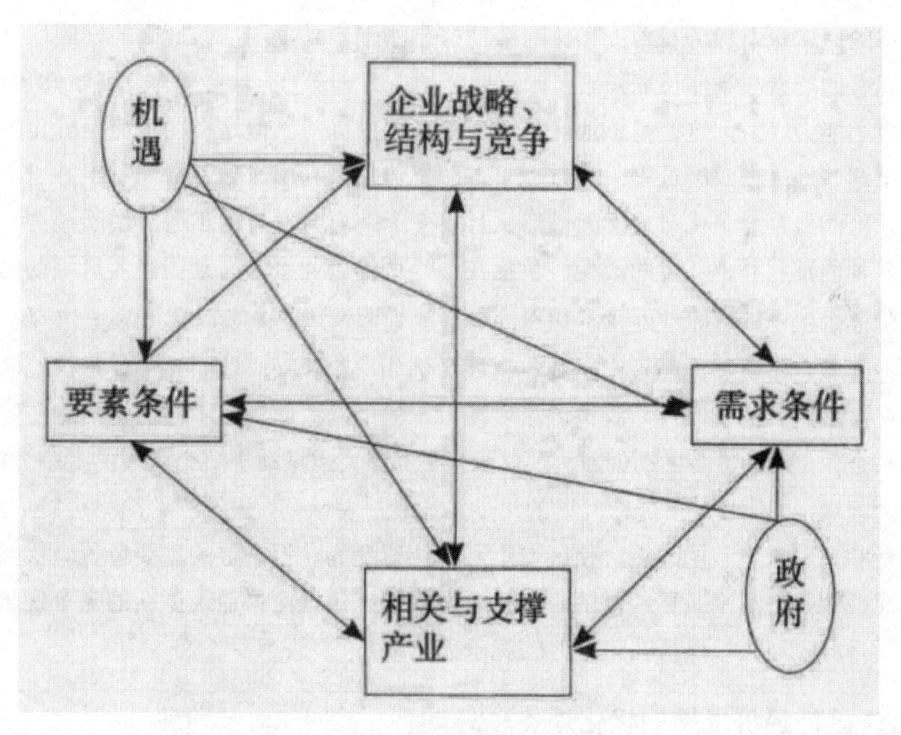

图5-1 竞争优势的钻石模型

需要我们认真考虑的地方是，要想获得国家竞争优势的关键是行业竞争，而行业的发展往往是在若干内部地区形成竞争性产业集群。由于国内工业的良好健康发展，在促进了创新集群发展的条件下，提高自己公司的创新能力，以及"产业集群的发展不是一个自然的无规律的分散性发展，而是趋向于地理上的集中发展"。国家竞争力理论蕴含着地区竞争优势的内涵，这相比于创造区域竞争优势理论具有更为重要的影响。因此，一些国内科学家直接把国家竞争优势理论跟区域竞争优势理论当作一样的理论。对于该地区来说，获得区域竞争、国家竞争的优势是普遍和独特的。

首先，这个国家及其内部地区的发展目标是基本相同的。但是，在国内或某个地区获得竞争优势并不能说明这个国家的整体竞争优势在国际上占有重要地位。获得国家的竞争优势将不可避免地取决于国家不同层面上的区域优势。

其次，在这个区域层面的居民比起全国水平很可能有相同或相似的社会文化背景。在同一个区域，因为它们的相似性在发展领域的思维，居民更有可能加快信息在该地区的流动和传播，在知识和技术因素方面，更有可能促进知识和创新的理论，这将有助于积累技术和知识、资本及其他要素，将有助于集群和产业集群在该地区的发展。在这个过程中，该地区的其他非经济部门，如当地政府、高校和科研院所，更有可能一起工作，以提高整个地区的区域优势，带动其发展。

最后，地方区域的发展是一个不断变化的动态过程。根据这种说法，地方的区域竞争优势可以划分为两个竞争优势，即静态的和动态的。

静态的区域竞争优势基本上意味着该地区是刚刚步入发展，该地区的发展取决于该地区一些现有的要素与条件长期积累（如该地区的人力、物力、社会资本、科学知识的累积、企业的核心能力等），这使得该地区处于工业发展的优势，但这样的优势是静止的和短暂的。如果这些地区在发展过程中没有把早期的优势加以利用，如有效地重组并引入创新，那么该地区的最初竞争优势将逐渐被淘汰且将变为其自身发展的劣势。由于该区域的发展面临着各种内部和外部环境的改变，包括在该地域的企业繁荣与衰弱，人口流动与技术交流等一些情况，该区域的外部技术和内部市场环境的变化及其他区域的竞争压力。

动态区域竞争优势主要是指在某些领域（例如，在新兴产业园）不仅是该地区的不同参与者在区域内外的资源，而且也可以实现自己的创新。此外，不同的参与者在区域内有效协作和合作创新，进而推动创新，在整个区域系统，也推动了整个区域的竞争力的保存。在这样的区域，虽然收益可能在发展的早期阶段有一些缺陷，但这样的缺陷可能成为动力，刺激创新和有利于竞争的改造，使区域不利的位置变为获得利益的主要位置。显然，去增加动态比改善静态效率是更靠谱的。一旦公司将拥有该地区得益于创新的竞争优势，他们需要不断进行创新，以保持在该地区的竞争力。

五、区域经济发展的极化理论

（一）增长极理论

经济增长并非循规蹈矩，而是来自所谓的"推动单位"。这个推动单位影响与其他部门的密切联系且经济增长强劲。增长极概念的最早的出发点是三维抽象、不容易理解的经济空间，而不是简单意义上的二维地理空间。这个空间"通过几个中心（或极点、焦点）构成。离心力或向心力都指向这些中心或者来自这些中心。各个中心都有自己所谓的场，吸引的或者是排斥的，并且都相互贯穿、相互交错。在这方面，通常任何空间感觉都由一个中心和一个传递不同力量的地方组成。"经济增长不可能在所有地区、部门和生产者间同时发生。它将按其各自的优势依次传播。在一定的时间或空间总会有几个经济中心或增长极，并指向一定的经济空间。它将创造一个"磁场"，类似于一种刺激效应，并表现出"极化效应"。经济增长极点扩大之后，将通过散射的方式在不同的渠道内进行传播，形成"扩散效应"，导致整个经济区域都会产生不同效应。增长极属于一批大型工业企业，发展迅速，创新能力强，能够与其他部门有较强的相关性。而这些大型的工业企业就是专门制造商或工厂。

增长极在区域经济发展中的作用主要表现为三个重要影响：支配地位、乘数、两极分化和分配。该理论可以促进经济落后地区快速发展，从而减缓大城市发展的压力，向外扩散的压力，能够快速带动城市内外的发展。

（二）累积循环因果理论

发展中国家真实的发展情况与实际的市场调节及生产要素的自由流动促进的经济发展并不相同。换句话说，经济发展不能达到绝对的平均。具有主要收益或发展条件的地区，由于某些最初的机会产生"初始变化"，并且具有比其他地区早的发展优势促进其发展，再经过"二次强化"后快速发展，这一结果积累到一定程度又会影响到"初始变化"，所以主导地区将继续积累加速增长，体现出形势变化的"周期性积累"。

在这个发展的过程中，劳动力、资本、技术、资源等领域落后的现象是发达地区吸引劳动力、资本、技术等并流向发达地区的原因，就是格瓦尔达尔所谓的"逆流效应"，即落后的经济发展领域，区域不利影响和区域经济发展差距日益扩大的负面后果。但是，"逆流效应"不是无法控制的，区域发展差距的扩大也是有限的，因为发达地区不但具有"逆流效应"，而且还会向外扩散，从而产生"扩散效应"。在经济发达地区不断发展后，达到人口密集，交通异常拥挤，污染非常严重，资本相对过剩和自然资源过度开发这个状况后，会使生产发达地区的成本逐渐增加，外部经济效益不断减少，从而削弱了经济发展水平。无论区域经济能否实现协调发展，关键取决于这两种效应是强还是弱。在不发达的国家和地区经济发展最开始的起飞发展阶段，逆流效应比扩散效应要迅猛，这是区域经济协调发展复杂性的重要原因。

（三）中心－外围理论

中心－外围理论也被看作核心－外围理论或核心－边缘理论。这基本上解释了发达国家与落后国家核心与边缘之间不平等的制度。在20世纪60年代，这个理论的概念引入到区域经济。由于几个原因的存在，在几个地区会出现"中心"和"外围"的双重结构。中心与边缘之间存在着不平等的关系发展。当某些地区的空间凝聚大量的发展态势时，他的经济发展将比其周边地区更加迅猛，从而形成区域经济体系的中心，而其他地区将被称为外围。一般来说，中心占主导地位，周边依靠于中心发展。中心在外围占主导地位的原因是中心与外围的贸易是不平等的，经济力量的因素集中在中心。同时，中心侧重于技术进步，高性能生产活动和生产创新，中心利用这些优势从边缘获得剩余价值。对于外围来说，中心对其发展施加各种压力。如果平均工资水平上升，这将导致边缘地区也面临相应的提高工资的压力，或者它必须增加出口，进而以弥补进口增加带来的财政压力。所以，周边自发展的过程往往很困难。更重要的是，通过促进有利于中心的经济和贸易政策，中心和边缘之间的关系也将得到加强，这将增加外围资本、人口和劳动力向中心的流动。

可以看出，中心与边缘之间存在着不平等的发展模式。但是，政府的管理和区域间人口的不断变迁将导致各种因素的流动。随着市场的不断扩大，交通条件越来越便利和城市化的进程日益扩大，中心与边缘的边界将慢慢消散、消失，即最终区域经济将继续增长。这将有助于空间经济逐步向一体化发展。

第三节　区域经济发展能力的内涵与构成

一、经济发展与经济发展能力

（一）内涵

1. 经济转型

高新提出经济增长方式转变实质在于选择工业化道路，是一项系统工程。直观表现是资源使用的显著增加。与此同时，经济改革的产业优化升级，不断改进，发展创新，促使循环经济的定义和开发，以及促进和加速内需的中心环节，发展模式和经济增长方式转变的内在动力。盛世豪把制度变迁与结构转型相互影响的结果看作是经济转型。它们之间的相互作用将有助于从一个阶段到另一个阶段的经济发展过程。经济体制的转型是经济体制转变为市场经济体制。经济结构的变化是发展中国家的工业化。在这个过程中转变经济发展阶段。改变经济增长机制不是经济技术水平和质量的变化，而是经济增长动力和机制的变化。改变的关键是从"利润导向"转向"效率导向"的经济增长。

2. 经济发展能力

经济发展是实现区域实体的目标或结果。这种状态和经济发展的能力导致地区主体影响经济发展的能力。大多数地区都有经济发展的机会，但许多地区没有区域经济发展的事实或成果。

经济发展能力是评判区域和国家区域经济发展的指标。许多国内外的科学家进行了进一步的研究。

（二）促进经济发展的途径方法

1. 提高自主创新能力，建设创新型国家

认真落实国家中长期科学和技术发展规划纲要，加大对自主创新投入，着力突破制约经济社会发展的关键技术。加快建设国家创新体系，支持基础研究、前沿技术研究、社会公益性技术研究。引导和支持创新要素向企业集聚，促进科技成果向现实生产力转化。深化科技管理体制改革。实施知识产权战略。充分利用国际科技资源。进一步营造鼓励创新的环境，培养造就世界一流科学家和科技领军人才，使创新智慧竞相迸发、创新人才大量

涌现。

2. 加快转变经济发展方式，推动产业结构优化升级

要坚持走中国特色新型工业化道路，坚持扩大国内需求特别是消费需求的方针，促进经济增长由主要依靠投资、出口拉动向依靠消费、投资、出口协调拉动转变，由主要依靠第二产业带动向依靠第一、第二、第三产业协同带动转变，由主要依靠增加物质资源消耗向主要依靠科技进步、劳动者素质提高、管理创新转变。

3. 统筹城乡发展，推进社会主义新农村建设

解决好农业、农村、农民问题，事关全面建设小康社会大局，必须始终作为全党工作的重中之重。要加强农业基础地位，走中国特色农业现代化道路，建立以工促农、以城带乡长效机制，形成城乡经济社会发展一体化新格局。坚持把发展现代农业、繁荣农村经济作为首要任务，加强农村基础设施建设，健全农村市场和农业服务体系。加大支农惠农政策力度，严格保护耕地，增加农业投入，促进农业科技进步，增强农业综合生产能力，确保国家粮食安全。以促进农民增收为核心，发展乡镇企业，壮大县域经济，多渠道转移农民就业。提高扶贫开发水平。坚持农村基本经营制度。培育有文化、懂技术、会经营的新型农民，发挥亿万农民建设新农村的主体作用。

4. 加强能源资源节约和生态环境保护，增强可持续发展能力

坚持节约资源和保护环境的基本国策，关系人民群众切身利益和中华民族生存发展。必须把建设资源节约型、环境友好型社会放在工业化、现代化发展战略的突出位置，落实到每个单位、每个家庭。加强应对气候变化能力建设，为保护全球气候作出新贡献。

5. 推动区域协调发展，优化国土开发格局

缩小区域发展差距，必须注重实现基本公共服务均等化，引导生产要素跨区域合理流动。要继续实施区域发展总体战略，深入推进西部大开发，全面振兴东北地区等老工业基地，大力促进中部地区崛起，积极支持东部地区率先发展。遵循市场经济规律，突破行政区划界限，形成若干带动力强、联系紧密的经济圈和经济带。加大对革命老区、民族地区、边疆地区、贫困地区发展扶持力度。帮助资源枯竭地区实现经济转型。更好发挥经济特区、上海浦东新区、天津滨海新区在改革开放和自主创新中的重要作用。走中国特色城镇化道路，促进大中小城市和小城镇协调发展。形成辐射作用大的城市群，培育新的经济增长极。

6. 完善基本经济制度，健全现代市场体系

坚持和完善公有制为主体、多种所有制经济共同发展的基本经济制度，毫不动摇地巩固和发展公有制经济，毫不动摇地鼓励、支持、引导非公有制经济发展，坚持平等保护物权，形成各种所有制经济平等竞争、相互促进新格局。深化国有企业公司制股份制改革，健全现代企业制度，优化国有经济布局和结构，增强国有经济活力、控制力、影响力。推进集体企业改革，发展多种形式的集体经济、合作经济。推进公平准入，改善融资条件，

破除体制障碍，促进个体、私营经济和中小企业发展。以现代产权制度为基础，发展混合所有制经济。

二、经济发展能力的构成

经济发展的本质是改变人们的物质和精神的生活条件，从根本上消除贫困和饥饿，输入和输出的相关结构的优化和改进，以及不同利益群体的社会政策发展的参与。与此同时，新古典主义的学派还十分注重市场机制自由竞争和农业现代化，对促进国家经济发展中的作用具有重要意义。由于人力资本和国家对外贸易政策的推动，经济发展将主要依靠国家内在环境实现快速增长。上述观点在指导发展中国家的相关研究的过程中发挥作用。经济发展水平的影响因素归纳为直接因素和间接因素：前者是主要归因于资本、土地、劳动力、科技等方面，这直接导致社会生产过程。后者覆盖宽的区域，许多外部因素的影响，包括自然环境、企业文化、居民的受教育程度以及经济模式和政府政策对国家的经济发展产生间接影响，由于直接因素的影响间接影响该国的经济水平。这些因素每一个都可以被包含在间接影响的因素中。基于对现实的经济发展和分析，将影响经济发展的因素划分为以下几类：

1. 人口规模和结构

人口规模是指该地区空间不变的情况下能够容纳的人口数量，人口对区域经济发展有积极和消极的影响。第一，区域人口的线性增长会导致区域经济发展发挥显著的积累作用，从而带来一定的收入利润，为区域经济的发展做出贡献。人口众多的地区可以为经济发展提供源源不断的、充足的劳动力。例如，我国第一次快速发展与当时我国人口数量是密切联系的。与此同时，人口的集中地区能够为区域经济发展带来必要的活力，带动市场供应，从而推动了企业的发展和经济增长的愿望。第二，一定数量的人能够促进经济的发展，但区域人口数量超过该地的最大容量，也将给该区域的发展造成一定的障碍，比如：北京、上海、广州等地。目前，由于人口数量过于庞大，造成了很多社会问题。人口规模不合理的积累，导致超载，造成该区域的城市拥堵，这增加了该地区的外部成本，并给该区域经济的发展造成了一定的障碍。与此同时，人口不受控制地扩张也会给该地区的环境、生态和安全带来隐患。这就要求社会和政府投入大量的财力、物力，为经济发展投入资源。

人口结构是该地区人口存在和流动的一种表现形式，这可以是该地区人口结构特征的规范性表征。包括年龄、性别、分布情况和教育水平等因素，人口众多因素对某一地区经济发展具有重要作用。人口的年龄结构是指该地区在不同年龄段的人数和比例。不同年龄组的群体具有非常不同的生理和心理特征、思维模式和生活习惯。因此，这些人对经济发展也有不同的影响。大多数 18 岁以下的青少年正处于学习的过程，这会对区域经济以后发展的潜力和继续发展的能力有重要的影响。18～64 岁的年龄范围反映了该地区当前的劳动情况，同时也是该地区的最主要的劳动成员；65 岁以上的老年人群体反映了该地区的老龄化，并且是该地区人口集聚的重要组成部分。人口年龄结构对该地区整个社会的生产情况、需求比例、就业问题、教育问题和养老问题产生重大影响，从而影响区域经济快速发展。可以使用老年人和儿童等指标去衡量人口年龄结构。人口文化程度是受教育程度不同的人口占总人口的比例，是评判该地区人口素质和结构的一个指标。人们所受的高等教育能够为该地区提供高质量的人力资源。这有助于行业实现最优化的现代化，有效提高目标区域的产业生产力和技术能力，对经济发展的机遇产生重要影响。同时，人们所受教育水平也可以反映区域发展的潜力和可持续发展的潜力，并可以作为该地区健康和可持续发展的一种动力。城乡人口结构反映了城市人口与农村人口的关系。这是区域城市化和现代化的体现，是评判区域经济发展水平的重要指标。从人类社会发展的角度来看，经济结构必须要适应经济发展的要求。现代化的最重要的特征是人口从农业向非农业的转移，人口向城镇的转移。这种变化将不可避免地导致农村的人口数量和城市人口数量的规模发生非常大的变化。区域人口的产业结构是指各部门劳动力的分配与组合，该地区人口的产业结构应始终满足区域产业结构的发展要求。由于各行业劳动力的分布状况不相同，而人口的产业结构能够评判各地区各行业的贡献度和生产需求，从而反映各行业今后的发展情况。人口结构的改善对优化区域经济结构和促进快速经济发展产生重要的影响。

2. 经济结构

经济发展不单单意味着总产量的增加，而且意味着经济质量的变化。研究影响经济发展的众多因素中，要注意对经济总量有贡献的因素，还要注意对经济质量产生深远影响的因素。在经济质量中最有利的因素就是经济结构。经济结构和经济增长从始至终都是相互影响、相互促进的。经济发展导致供应结构和需求结构产生变化，以带动经济结构随之变化。相反，经济结构调整的效应也对经济发展起到催化带动的作用。区域经济结构的改善是指在工业、投资和消费、区域经济结构等因素在经济结构之间关系的不断发生变化和改进，促使经济来源的可行性，并进一步促进经济增长的变化。

第一，该地区经济结构的变化有助于该地区更合理地分配资源。经济增长和发展与该地区各种因素的贡献是紧密关联的。但是，在资源匮乏的情况下，仅仅依靠增加对经济发展做出贡献的因素就会导致资源浪费和影响经济可持续发展。在这个情况下，调整经济结构就会产生极其重要的作用。结构的调整确保资源可以流入更需要的产业部门，并且在有限的情况下让每个因素对经济增长的影响最大。

第二，调整经济结构可以开创新兴产业、新能源和新需求，为经济可持续发展提供源源不断的动力。经济结构的调整致使新的经济关系和新的产业结构能够取代原始的、旧的生产关系。这种新旧更替可以为该地区的快速发展提供新的活力、新的力量。如果要取代主导产业的分支机构，行业的原有主导分支机构将在经济发展的前一级发展。随着经济和社会的快速发展，主导产业将发生转变，这种转变应该伴随着更高的生产率。能够满足社会需求的更先进的技术和产业占上风。替代这些行业为经济发展提供了持续的动力，并成为不同阶段经济的动力。

第三，区域经济结构的变化有助于改善社会分工和生产方式，使其更加现代化。任何经济的向前发展都与社会分工和生产方式的变化密切相关。改变经济结构也是社会分工和生产方式变化的一种形式。在经济结构中相应的工业结构的改变，其中一方面就是区域经济因素在工业之间的相互转变，使区域内更符合经济需要的生产要素，也有助于引进技术创新和这些行业生产方式的变化。用更加现代的生产方法取代现有的生产方法，并有助于提高整个地区的生产效率。目前，"互联网+"模式的发展取代了原有的生产方式。利用互联网重组经济结构将使经济发生转变。

3. 生产要素的投入

生产要素和经济发展这两者之间存在着相互影响的关系。经济发展包括两方面，即经济增长和结构转型。在这一过程中，有必要引入新产品和结构出现的基本要素。同时，要素的贡献也对改善经济结构起到了非常重要的作用。由于种种因素，可以定位区域经济发展方向，能够加快促进新兴的主流产业的快速发展。区域经济发展所需要的元素有很多种。除了土地、资本和劳动力这三种，先进的科学和技术的这一新要素也是现代区域经济发展的必要条件。

投入资本的重要性能够得到足够重视。增大资金投入可以促进经济的快速发展，为经济发展提供更为广泛的技术支持，因此可为经济发展提供更加便利的资源，投资额度可能反映了投资对区域经济管理的作用。对资本的投资可以鼓励企业更为便利地生产。这种投资可以刺激社会就业，伴随着企业战略和生产力的变化等。这可以进一步改善社会需求，进而形成经济发展的双重推动力。在前面章节人口的规模和结构中详细讨论了扩大劳动力对经济的影响。劳动力作为促进经济发展的因素，在数量和质量方面也是双重作用。资源要素的贡献对经济向前发展也具有基本的支撑作用。这些资源为区域经济的向前发展提供了更为坚实的基础。经济发展所需的各种原材料几乎都来自资源和环境的基础。资源环境与经济发展之间的相互作用是一个周期性的相互作用过程。资源要素为发展区域经济提供了各种重要原料。然后这些原材料通过加工、产出转化为消费者的产品。因此，该地区的资源成为区域经济活动强大的支持体系。同时，由于经济和消费的各方面的资源，资源要素不断传播和最后通过自然净化后返回到自然，从而变成人类经济活动再利用的资源。无论经济发展与任何时期的资源要素之间是否有密切关系，这样的循环过程都要经历所有的经济活动。科学知识这个元素对当地经济发展的促进主要体现在生产方式和提高生产力上。第一，知识因素能够增强该地区的人力资源。知识的累积过程取决于人们的劳动力付出的样式。知识在劳动力中的累积过程主要体现在能够提高人们的劳动力素质。在经济活动中，这种累积过程比一般劳动力更有用。在同等条件下，这些工人更有利于经济的快速发展。第二，知识元素也在改变地区的生产体制中发挥重要的作用。知识的积累和应用可以产生更为现代化的生产设备和规章制度。这种变化对于该地域生产方式的变化是非常重要的。

在要素投入和经济发展的关系中，报酬递减通常发生在投入要素达到一定数值之后。但是区域中的知识促进区域发展递增报酬，为其创造了极高的可能性，也使原有要素创造出更优质、更多的产出，从而可以让报酬递减现象能够改变。

4. 科学技术水平

科学技术水平是一个国家经济发展的强大支撑。不管社会处在哪一个发展阶段，社会的跨越式发展需要有关键性进步技术的支撑。不管是改善人民生活，促进经济社会的进步，还是提高产出水平，每个领域都离不开进步技术的支持。技术进步对促进经济发展有巨大作用，从具体的影响途径来看，包括下列几方面：技术进步使生产函数得以改变，同时，也调节生产要素的投入比例，并有效提升生产效率。这个特性，能够让经济发展方式得以转变，由以资源为主要推动力转变为以资本和劳动等为主要推动力。这种转变可以促进经济持续健康发展，并对不同经济时期拥有的资源优势进行充分改变，使资源发挥最大的作用。

在保证一部分其他投入要素不变的条件下，技术进步能够增加产出，优化升级原有的生产函数。同时也可以改变生产函数，使同样的资源产出更多更优质的产品。比如，福特流水生产线的发明，在劳动力生产状况不变的情况下，创新管理技术，迅速提升生产率，为福特公司带来了巨大的经济效应。

技术方面如交通技术、信息技术和医学技术的进步，不仅会提高社会生活质量，还可以提升原有的生活质量与生活水平，是经济发展的重要表现。

5. 对外开放程度

开放是促进区域经济发展的主要动力，也是重要途径，区域开放可以通过吸引区域外的投资和经济体，来开展贸易活动，优化区域资源配置，为区域经济的发展增强活力。从大部分国家与地区的发展来看，都能够得出结论：区域的经济发展程度一般与区域的开放程度呈正相关关系。

第一，区域开放使产业结构得到进一步优化升级，突破区域发展在技术上的缺陷。区域开放加速技术得以扩散和吸收，促进区域技术进步，实现发达区域经济的快速增长，促进技术的进步，还能够使落后区域的产业结构得到优化升级。区域开放带来许多要素，如技术、资本与人力资源等，有助于让区域间的要素进行流动，促进区域产业结构的多样化，有利于让区域的产业体系更加优化完善。此外，在市场机制条件下，区域开放也促进区域内的产业能够提升生产力和改进管理技术，并降低成本，使产品的质量得到提升，使区域内外产业实现有效竞争，促进产业结构向着高度化的目标优化升级。

第二，区域的开放有助于突破区域资源要素的限制。一个区域不可能拥有经济发展需要的所有生产要素，如果经济环境不开放，经济发展就很可能会受到短缺要素的制约。经济发展需要各种资源要素的集聚和共同作用，区域开放能够被供给更加广泛的资源要素。区域开放的程度越高，区域所要获得的资源要素就越丰富。

第三，区域开放能够有效使经济发展的市场需求得以拓展，有利于区域市场限制的打破。从一个层面来说，单个区域的生产不会满足消费者的全部需求，区域开放可以引入许许多多的商品，可以让消费者的需求得到有效满足。同时加快配套产业的发展，使区域内的整个行业都按照顺序进行发展。区域开放可以对市场层次进行提升，并将区域外的供需引进，使区域经济能够将比较优势充分发挥出来，同时也使效益水平得以提升，促进区域经济的健康发展；从另一个层面来说，区域是一个在范围上有限制的经济体，单个区域内的人口有限进而也使消费能力受到限制。所以，在区域社会分工的情况下，区域生产的产品需要满足区域内的需求，也需要使区域范围之外的市场得到充分拓展。

6. 文化状况

经济发展不仅仅是产品数量、质量和结构上的变化，也是区域中文化、意识等因素的变化。文化具有确定的经济发展功能，它是文化的本质特征在经济方面的具体化。从一般性来说，文化对经济发展的科技含量存在支撑的功能，对社会环境存在规范的功能，对依靠力量存在凝聚的功能，以及对基本方向具有导向的功能。

第一，在经济发展过程中，文化对科技含量进行支撑，指的是文化对经济发展的科技含量存在十分重要的影响，文化也影响思想观念、科技自身和社会环境，促进经济发展与科技进步。

第二，对经济社会所处的发展环境，文化具有影响和规范的作用，主要是指文化作为一种精神力量，内在地包含对现有经济环境的批判、过滤以及优化，调整和修正经济发展所处的社会环境，例如社会关系、社会制度和思想观念等，创造良好的外部条件，促进经济发展。

第三，文化可以凝聚经济发展的力量，经济发展的最主要力量便是劳动者，文化黏合劳动者的思想行为，以目标、规范等方式，让企业、劳动者与社会之间互相认同和吸引，使内部向心力和聚合力有所增强，促进共同价值意识的形成，推进社会的进步和经济的发展。

第四，文化对经济发展具有导向作用。文化可以被认为是一面旗帜，它需要对社会经济的整体目标进行正确的导向，积极对经济个体的思想行为进行引导。在经济发展过程中，文化对经济的导向既是对经济的选择与探索过程，又是一种经济性价值取向，同时也是对经济的融合与调节；既趋向于抽象目标，又要面对现实与未来。

7. 资源环境

资源环境经济学领域中研究的重点一直是资源环境和经济发展的关系。

资源环境和经济发展的关系主要体现在以下几方面：第一，资源环境是经济发展的根基，经济系统是环境系统的结果。客观环境一直存在着，即使在人类都还未出现的时候。之后，人类为了生存，充分利用和改造环境，对环境的利用和改造达到相当程度之后的结果是经济系统的产生。因此可以说，经济系统是人类利用与改造环境之后的结果。第二，资源环境制约经济发展。自然界中的基本规律要求经济社会发展要在资源环境的承载能力和承受范围之内。资源环境和生态系统提供人类生产生活所需要的物质资源，同时，伴随科技进步，量和质存在动态性的变化，也会出现一些变化，但需要注意的是，它是有一定限度的，它承受发展的能力存在有限性。第三，经济发展主导资源环境的变化。工农业生产活动方面的经济发展，主导着资源环境的改变。经济社会发展一定会对资源环境产生影响，当人类对资源的消耗快于资源更新的速度，不能够遵守自然规律的要求，使污染物的排放不在环境的自净能力之内时，会使环境质量大大降低，并加剧环境污染。第四，资源环境与经济发展相互促进。良好的资源环境为经济活动的良好发展提供条件，允许经济系统中产生许多废弃物，从而提供更多的可以利用的资源，使经济持续健康发展，从而增加人们可利用的资金，人们就可以拿出更多的剩余产品来为建设环境和治理环境而不断努力。

第四节 区域经济增长理论研究综述

经济自身存在资源分配的特定方式，在经济发展过程中，形成了资源分配的马太效应：经济增长快速的地区，资源分配相对比较多。经济增长慢的地区，资源利用率较低，吸引资源的能力较差，资源分配得相对较少。这种不平衡的发展模式，优点是提升总体经济，缺点是会拉大发达地区与落后地区的差距。站在发展中国家立场上，不一样的经济发展战略会对国家的长期经济增长发挥不一样的作用。

一、区域经济均衡增长理论简要评述

区域经济均衡增长理论是指在一个经济体中，保持各产业、区域之间和区域内部经济的同步发展。

在现实经济的实践过程中，由于一些国家忽视了市场机制决定资源配置的作用，低水平均衡理论中的大推进理论和贫穷恶化循环理论没有产生太大积极的影响，甚至严重的还产生了一些负面影响。在发展过程中应用该理论，使投资全部依靠"计划经济"，一味重视表面工业化使资源配置的效率降低，一味地看重形式上的改变而没有涉及区域经济增长中问题的根本，取得了并不理想的实际效果。

二、区域经济非均衡增长理论及评述

在实际的经济中，区际之间的差异并不会因为发展就自然缩小，从直观上很容易会观察到区域经济增长是不均衡的。

1. 非均衡增长理论

非均衡增长理论推动发展中国家选择经济发展路线，直接为其提供了理论支持。在经济发展初期，普遍可以接受"结果的不平衡"的存在，他们的必然选择一定是非均衡发展路线。在欠发达地区，因为它们之间缺乏密切的产业关联，需要在生产潜力最大的部门首先使用稀缺资源，进而带动其他部门的发展。当经济发展到一定水平时，政府应做出相应的协调，实现各产业部门的迅速发展。这为从整体上制定产业发展次序提供了理论基础与

政策工具。

2. 倒 U 字形理论

以收入分配为基础提出了倒 U 字形理论。经济发展初期，总体经济会逐渐发展，区域经济的差异也会保持稳定扩大；经济发展到一定程度时，随着总体经济不断发展，区域差异也会渐渐缩小直到最后消失。重置资源分配会使政府为增强信息不对称程度而将区域内的信息进行重置，并转移资本和劳动力，改变目标，同时这也是倒 U 字形变动的三个主要影响因素。其中，国家发展目标与政策也会影响区域经济的发展，具体表现为：政府重视促进经济的快速增长，因为政府优先发展条件优异的地区，会不断扩大区域差距。在政府政策偏向于发展经济而不做出改变时，就不容易减少这种扩大。然而在现实中，经济学家会对检验倒 U 字形的存在性，所要利用的国家数据不同，得出的结论也会不同，所以经济学家一直质疑该理论的普遍性。

3. 区域经济发展梯度推移理论

以产品生命周期理论和区域生命周期理论为基础，梯度推移理论被提出。生命周期理论主要观点是：尽管各个工业部门和各种工业产品处在不同的生命循环阶段，但都会经历四个阶段：创新、发展、成熟、衰老，哪怕它们的推动因素不同，兴衰更替的速度也不同。在区域经济学上，产品生命周期理论的延伸是区域生命周期理论，主要观点是处在不同阶段的区域，面临的问题不同，所处竞争地位也会不同。以这个理论为基础，梯度推移理论主张将创新阶段具有发展潜力的专业部门作为主导产业的区域划入高梯度区域，对经济进行均衡分布，逐渐使生产活动从高梯度地区转移到低梯度地区。

该理论也存在一定的缺点，它忽略了落后地区内部也存在相对发达的地区，经济发达的地区内部也有落后地区。因此，只能按照梯度推进进行人为限定，拉大区域间发展距离的可能性就比较大。同时，按照科学的标准划分梯度并不是很简单的。

4. 区域经济非均衡增长理论简要评述

区域经济非均衡增长理论在实践应用中的效果比较明显，它是对均衡增长理论的一种修正。它促进发展中国家经济发展，为发展中国家的经济发展路线提供政策工具与理论基础。但在政府和市场作用的认识上，非均衡发展的各个流派存在一定的分歧。

第六章 技术创新促进区域经济增长的机理分析

第一节 技术创新促进区域经济增长的机理概述

一、总体构想

区域技术创新对经济增长的作用如果简单地概括，那下面图片便比较好地囊括了这个作用。

图 6-1 当中，某一区域所生产的简化过的两种产品是 X 和 Y，生产可能性曲线是 AB 线。线上有着产出水平和产出组合（这是没有技术创新条件下，用全部可用的资源生产出来的）。但是，技术创新后，总产出增加，AB 线将移动到 CD。这说明，区域技术的创新是促进经济增长的一个因素。当图中的产出结构从 E 点移动到 F 点，随着区域技术创新的推动经济得到增长，经济结构也会发生变化。

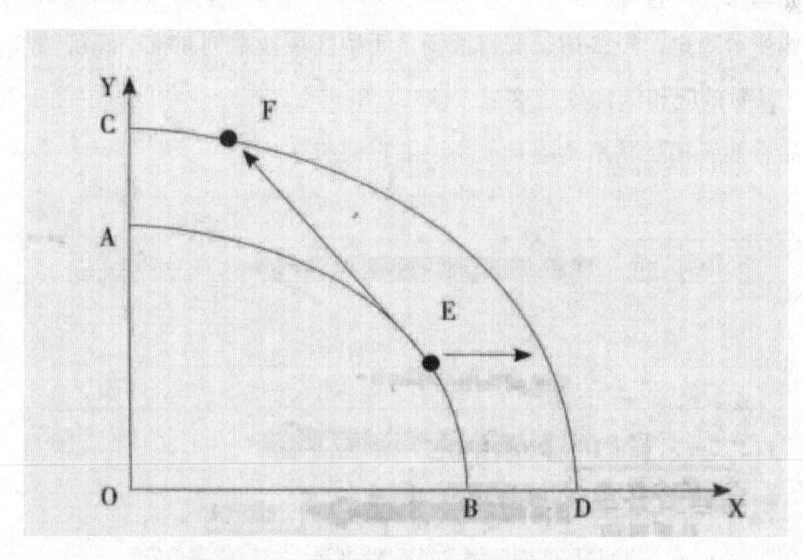

图 6-1 生产可能性在技术创新作用下的曲线

细心观察区域技术创新作用下产生的这个变化，其实这个变化是三种效应共同作用产生的。第一种是成本效应。因为要求利润最大的同时也是在要求成本最小，所以成本减少对提高企业竞争力十分重要。达到的单位产出成本的降低，需要用技术的创新来优化要素的组合和新资源代替旧资源等方法。第二种是品质效应。为企业产品品质与信誉的上升，运用技术创新来使产品更加多样并提高产品质量，从而满足消费者潜在的对产品多样化和高质量的需求。和原来的产品比较，创新后的新产品改善了其性能或质量，会增添消费者更多的信任，给其带来更高的效用。如此会产生品质效应，它直接影响着企业的竞争能力。第三种是结构效应。区域技术创新通过影响经济结构，使区域层面上的产业结构和经济增长发生变化。

在企业区域技术的创新下，企业会出现品质和成本效应，区域上会出现结构效应。提高企业的市场占有率和竞争力得益于成本效应和品质效应；区域经济增长质量的上升、条件的变化、发展效率的增加和经济的稳定发展都是由于结构效应。结构效应会使经济发展得更加稳定，经济增长的质量上升，条件发生变化，使其发展的效率提高。

关于技术创新理论的一个重要的观点："技术创新是经济增长的源泉。"其认为技术创新可以推动经济波动的发展，即创新的出现会促进企业取得超额的利润，从而引起模仿，这又会引起创新的浪潮，让经济更快地走向高潮。当模仿占据企业的大多数后，创新浪潮就会消失，经济的发展也就停下来了。经济要想继续不停地发展，就一定要不停地创新。熊彼特的观点可以这样解释：个别企业先进行创新，然后获得成本与品质效应，从而使企业的竞争力得以提高；然后社会上其他企业进行模仿和竞争，创新的发展促进增长方式与整个社会产业结构产生转变。这样使经济走向发展的高潮。在变化实现后创新活动便终止了，经济结构变得稳定，经济增长变得缓慢。明确区域技术创新推动经济增长，首先要认清成本效应、品质效应和结构效应这三大核心。事实上，在企业和区域层面上的结构效应、成本效应和品质效应相互联系，图6-2阐述了它们的联系。

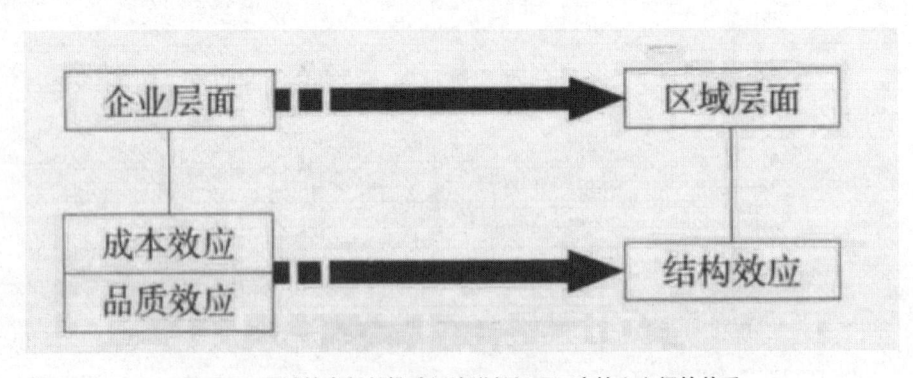

图6-2 区域技术创新推动经济增长机理三大核心之间的关系

图6-2中，通过区域创新的推动，企业区域层面上形成的结构效应，最后受成本和品质效应的影响。成本和品质效应是其微观上的基础和前提的条件。成本效应在产品生产过

程中实现了新旧产品和生产方式的更替，让企业淘汰了耗能较高的产品、提高了要素投入中的知识含量。品质效应让产品多样化、使产品的质量提高，新产品一方面会使产品的结构产生变化；另一方面改变了新旧产品的结构，结构变化的不可变，使产业结构发生变化。此时，新产品品质效应的开发，微观方面使产业结构发生变化并且推动了产品结构的改善，使产品生产方式改进而且改变了经济的增长方式。因此，企业层面上的成本和品质效应将直接导致区域上结构效应的产生。结构效应是成本和品质效应在区域内的表现和定然结果。

第二节 创新主体：企业与政府的博弈

在市场中技术创新的主体除了企业，还有科研机构、个体研究者等。在市场上把企业作为技术创新的主体，是由于技术创新有特殊的运行机制，其运行的前提条件有两个：第一个是创新者在市场需求出现时，拥有相应的研发能力；第二个是有同行业者的竞争压力。在这个前提条件下，从长期来看企业创新的收益大于成本，所以企业一定选择创新。即长期来看企业创新将让其在竞争中获得更有利的地位，对应对市场的需求、争取市场份额、打击竞争对手都有利，对获得更多的商业利益也很有帮助。选择企业作为研究技术创新的主体，用来分析它对经济增长的影响更合适。企业比其他主体作为创新主体的创新动力更强，它的创新成果对生产部分的作用更具有针对性，有利于提升部门生产效率和全社会的生产效率。

另外一个方面，在市场中政府作为主体，能更为宏观地考虑技术创新推动区域经济发展，并且缺少企业的竞争。政府来推动某区域经济发展技术创新是"雪中送炭"式的手段：当某一区域处于区域经济发展的瓶颈阶段时，政府会利用技术创新让经济有突破性的增长，并运用相应的政策和资金支持来促进技术的研发。然而政府对于谋取高新技术的创新在中长期给区域经济带来的收益缺乏动力，若某一区域经济发展处在稳定期，政府行为短期性的特点会让政府增加现有资源的使用，用来促进经济持续增长。

研究技术创新，必须要注重企业与政府间的关系。政府有激励政策和限制性政策，前者对企业创新有正面的促进作用，尤其是经济发展变慢，甚至出现问题的时候，政府的正向政策和资金扶持会加强企业的创新动力、提高企业的创新速度并减少企业的创新风险，从而达成创新；后者则会削弱企业的创新动力，放慢其创新速度，加大其创新风险。

第三节　企业层面：区域技术创新促进经济增长的机理

一、企业层面机理的核心：成本效应与品质效应

企业家是创新活动的主体，但在特定区域内的企业家才可以是区域技术创新的主体。所以需要从区域里企业的技术创新，来认识区域技术创新对经济增长的机理。

企业家在创新上具有意识和能力，他们是在创新上单独地经营和生产商品，让企业家创新的前提是市场需求、占有率和潜藏的垄断利润，利润最大化是企业的目标，而占有稀有的资源便能取得超额的利润，创新的成果就属于稀有的资源。取得专利的新发明便是唯一并且稀有的资源。这时拥有这个新发明的企业就可以获得具有垄断地位的利润。具有创新的垄断利润直接对企业竞争力有影响，它是企业进行创新的动力。在创新预期时垄断利润的激励下，企业家在生产实践中组合并且运用生产要素，从而提高企业的市场地位和市场占有率，为其提供有利的物质条件。在技术的相互模仿和扩散下，创新的垄断性和新产品的稀缺化都将渐渐不存在，所以超额利润企业必然不能再取得，所以就需要企业继续不断地进行创新。

在不同技术的创新过程中，企业一直都有非常明确的目标，这就是通过技术创新来使企业竞争力提高（见图6-3）。企业能运用许多技术创新的方法来达到这个目标，例如：想要使投入的要素资源不再稀缺，可以运用优化要素之间的组合、要素进行节约投入、选取新资源、采用多样的产品、提高产品质量等技术方式。

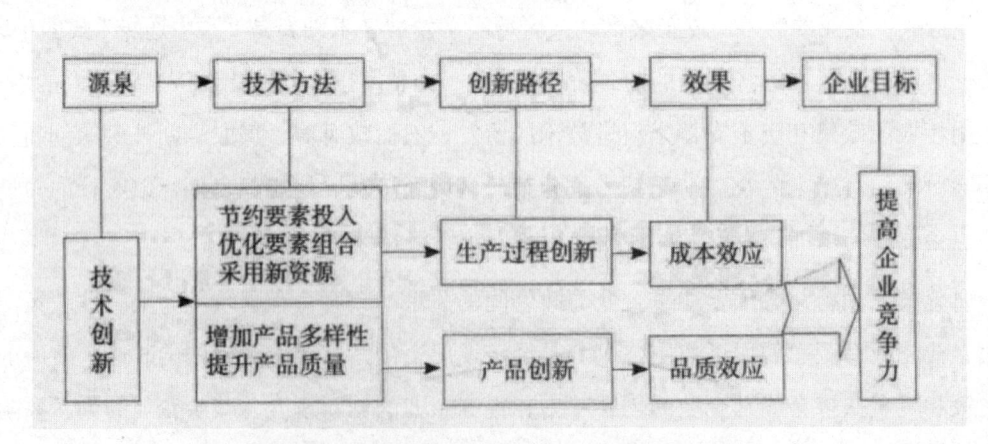

图6-3　区域技术创新在企业层面上促进经济增长机理

在图6-3里，特定区域里的企业开始实行技术创新，用来取得垄断的利润，使企业的

竞争力提高。若企业创新是在生产过程中进行的，即运用优化要素之间的组合、减少要素和新资源的投入等方法，若运用提高产品的质量、使产品更加多样等方法，那么企业展开创新是沿着产品创新路径的。若沿着生产过程创新路径前进，那创新成功的结果便是企业取得成本效应，即降低了生产的成本、增加企业的利润；如果在产品的创新上向前，那么企业能获得品质效应就是创新成功后的效果，即企业新产品可用高质量和多样的品种来使消费者的需求得到满足，这样能让市场的销路变宽。运用的技术方法不同，会产生不一样的创新路径，最后的经济效果也会不一样。

技术上的创新是技术经济化的过程，它的起点是技术，终点是经济。技术方法与创新路径不是经济意义上所说的创新诉求，是技术方面的活动属性。提高企业的竞争力不是技术方面的创新，而是企业经济方面的活动属性。成本效应和品质效应不仅有技术的属性又有经济效果，它们给企业创造经济方面的利益和技术创新的成果。技术创新从技术的过程向经济的过程转变需要成本与品质效应这个纽带，这是技术的创新促进经济增长机理的要害之一，是企业层面机理的核心。正是成本效应和品质效应造成了企业的垄断地位，为企业创造了创新垄断利润，也提高了企业的市场竞争力。

二、成本效应：企业层面机理核心之一

企业如果采用节约要素投入、优化要素组合、采用新资源等技术方法，那么技术创新就是沿着生产过程的创新路径开展，企业就可以取得成本效应。"企业在竞争中经常使用成本领先战略。在行业里，高于行业平均利润的利润由总成本最低的企业获得，在企业的各个环节能实现许多降低成本的方法，但其中最主要的方法是技术的创新。"企业在生产的过程中从创新出发，运用优化要素之间的组合、节约要素的投入、运用新资源等方法的时候，就能产生成本效应，就此企业的竞争力也能加强。企业技术创新促进经济增长机理的核心之一是成本效应。

（一）节约要素的投入

节约要素投入是指区域技术创新节约了劳动力、资本投入等，所以直接降低了生产成本，获得成本效应。

由于技术方面的创新对资本和劳动投入要素影响程度的不同，所以遵循要素比例标准分类原则，技术创新可分为三大类型：劳动节约型、资本节约型和中性型。假设只有资本和劳动两种要素投入，而且工资率和利息率不变即生产要素价格不变，如果技术创新导致资本劳动比上升，就是劳动节约型技术创新；如果技术创新导致资本劳动比下降，就是资本节约型；若技术创新对要素的投入比例没有影响，就是中性型。

现代科学技术是经济发展的力量,技术的创新能在产量不变下节约要素的投入,改变各个要素的形态,使要素在区域经济发展中的功能、质量及使用效率提高。在技术创新作用下,一是劳动者的素质大大提高,从而提高劳动生产率并节约了生产中的劳动投入量;二是劳动工具日益自动化、智能化,生产效率更高,并在一定条件节约资本投入量;三是区域技术创新的发展提高了区域科技信息的水平和信息转化为知识的能力及其效率,使沟通成本降低,因而能节约信息交流中劳动与资本的投入;四是技术创新使学习成本减少,也可以改变工作的方法并提高工作的效率,从而使学习曲线出现下降。利用学习曲线原理,也可使产品成本降低。利用效率更高的要素结合模式和组合方式,随之提高了要素的使用效率,并让总要素的投入成本降低,最终产生成本效应。

成本效应就是在区域技术创新的前提下,拥有了更加科学的组织与管理,使要素结合模式更加优化。区域技术创新促使管理模式和企业组织形式的革新,使组织与管理更加科学、高效。技术创新让区域生产要素的功能和形态产生积极的变化,以此产生比较优势使企业持续发展。企业管理与组织的水平在技术创新下不断提升,所以能让生产力诸要素结合在一起,如此一定能优化要素结合模式和组合方式,管理成本乃至生产成本会下降,成本效应也会随着管理成本乃至生产成本的降低而随之出现。

(二)采用新资源

区域技术的创新通过发现、创造和利用新能源等使要素资源的使用范围扩大是采用新能源的具体方法,这个方法让要素没那么稀缺,并且打破要素边际的收益规律,使生产要素的成本效应大幅度降低。

首先,可以利用的自然资源通过技术的创新变得更多,以前没有生产过的新能源、新材料,它们被发现、利用和创造,生产成本便也随之降低了。总的来看,科学技术的发展和人类对自然资源的利用密切相连。技术创新在开发资源上的一个重要特点,是分析物质的微观结构、运用其宏观性能,以此能为社会生产力创造优越的新材料和新能源。随着技术创新的发展,人们对自然界的认识也更加深入,并且渐渐提高改造自然的能力,所以自然资源的利用范围和新材料也不断扩大,新能源层出不穷。新资源的出现扩大了要素的种类范围,使已有要素的资源稀缺得到缓解,也在一定程度上克服了要素收益递减的规律,为降低生产成本提供了捷径。

其次,技术创新使我们对自然资源利用程度不断加深,能对原有资源进行深度开发与加工,提高其利用价值,降低生产成本。这主要表现在对同一种自然资源,由于技术创新的作用,可以不断提高其利用程度。例如,石油最初只是"可燃烧的液体",随着炼油技术提高而可以经过多次裂解，变成从轻油到沥青的多种油类产品，满足人们多种用途。同时，石油化工技术的提高，又把石油变成了能够生产千万种产品的化工原料。随着技术创新的发展，人类逐渐深入地开发自然资源，并发现其价值，体现在生产领域就是可利用要素资源更多了，这有利于克服要素资源的稀缺和生产成本的降低。

总的来说，技术区域方面的创新让人类更加深入地扩展了对自然资源的开发利用，它通过改变材料的物理或化学属性导致新材料的出现，通过对原有资源的深度加工导致资源的再利用，克服了自然原材料对生产发展的限制。由创新导致的可用资源的增多为降低资源的稀缺性创造了条件，阻挡了要素边际收益递减趋势，促进生产成本的降低并产生成本效应。

三、品质效应：企业层面机理核心之二

企业假如运用水平创新——使产品更加多样，运用垂直创新——使产品质量更高，那么技术创新就是沿着产品创新路径展开，这时企业能拥有品质效应，在企业层面上这个效应，是技术创新促进经济增长机理的第二个核心。成本效应和品质效应在企业层面组成了技术创新推动经济增长机理的两大核心。

产品创新可以改变原本的产品，它是关于变革产品的，包括产生新产品和更换旧产品。依靠技术创新，企业能不断改进产品，不断研制出适合用户需要的新产品。

之所以技术创新形成的产品创新，可以使企业竞争力提高，是因为技术创新不但能使产品性能、类别、品种、质量等方面更加新颖，也会产生创新者不同的优势。一个企业的产品或服务与其竞争对手产生差异时，才可以吸纳更多的顾客，占据市场。

这种差异化战略属于竞争战略，产品或服务的独特性决定差异优势的形成。所以，技术创新带来的差异优势可以帮助企业获得竞争优势。无论是开拓国内市场还是国际市场，企业都可根据技术发展状况和消费倾向，通过技术创新来进行产品创新，以此确立相对于竞争对手的差异优势，并获得品质效应，最终达到企业竞争力的提升。

产品的创新包括两大类：第一类是不断增加丰富产品多样性，进而创新产品。另一类是通过提升产品质量，达到创新。第一类产品创新，主要体现增加产品多样性，定义是指具有新功能的创新产品，该类创新产品能够带来消费多样性的增加，产品链条的延长，生产分工及专业化深化等。

增加产品多样性的创新能够根据消费者对多样性的偏爱，增加消费的多样性，使生产更加专业化，从而让新产品具有新的功能。由于这种创新产品与原有产品存在水平关系，因此也被称为水平革新。提升产品质量的创新的定义是指新的产品和原有产品在使用中没

有太大的差别,但是产品质量比原有产品更加耐用。提升产品质量的创新能够有效提高产品的使用性能、效率,能够在同样生产成本下使新产品提供更多的产品服务。这种创新的新产品与原有产品之间存在着垂直关系,也就是说,创新产品与原有产品功能相近,但质量有所提高,因此也被称为垂直创新。

(一)增加产品多样性的创新

它是指技术创新通过设计、开发新产品,使新产品相比于原产品增加了新的产品功能,进而产品多样性也随之增加,能够满足消费者对产品内在的多样性需求,促使企业提高产品品质和信誉。相对于原产品,增加产品多样性的创新能迎合消费者对多样性的偏好,给消费者带来更大的效用和更多的信任,从而形成品质效应。

增加产品多样性的水平创新是如何推动经济增长的呢?通过技术创新,产品的多样性主要体现在产品的花色和品种等方面,从而显示出产品的不同。新的产品有不同的产品风格,更加容易区分自己的产品和竞争者的产品,更加能满足消费者的需求,而且还能促进顾客消费,使消费者不断增加,新的产品就会出现新的品质,能够帮助扩展市场,扩大市场份额创造有利条件,能够增加均衡产量,进而促进经济增长。这个机理可以表述如下:技术革新—产品多样化—满足消费者需求—扩大消费群体/促进消费—形成"新"的品质效应—开拓新市场—扩大市场份额—增加均衡产量—促进经济增长。

(二)提高产品质量的创新

提高产品质量的创新从而推动经济增长有什么样的机理?

提高产品质量创新,能够有效提升产品的性能和品质,从而总体提高产品质量。

高质量的新产品能够增加消费者的偏好,如此,创新会形成品质效应,促进消费者的需求。新产品需求的提升能够刺激消费,因此一定能带动均衡产量上升,从而促进经济的增长。

综上所述,提高产品质量的创新以推动经济增长的机理是:质量创新—提升产品质量—增强消费者偏好—促进消费—增加产品需求—促进经济增长。

我们通过对比产品多样性的创新和提升产品质量的创新可发现,这两者在经济机理的作用是不同的,主要表现为:增加产品多样性的创新以通过满足消费者潜在需求的方式刺激消费,可以形成品质效应,以达到创造经济增长目的;提升产品质量的创新则是利用消费者对新产品的偏好,刺激消费,形成品质效应,进而促进经济增长。因为在创新产品推出之前,消费者潜在的需求没有成为实际需求,所以增加产品多样性的创新就成了创造需求的行为，消费者的偏好增强也说明消费者把偏好从旧产品转移到新产品上，如此一来提升产品质量的创新就会有"毁灭性创新"的效应。与此同时，这种创新行为就会冲击原有产品的销路。

这两者之间存在的共同点表现为：增加产品多样性的创新和提升产品质量的创新都是在质量或品质上创造不一样的产品，用来满足新的需求，可以扩大市场份额及开辟新的市场，如此可以在原有的基础上扩大生产规模，同时带动经济增长。所以这两者在推动经济增长的机理方面都是通过品质效应创造或者转移市场需求方面促进经济增长，二者都是从需求方面推动经济增长，同时体现出产品创新路径和生产过程创新路径的差异。

第四节 区域层面：技术创新促进经济增长的机理

一、区域层面机理的核心：结构效应

从经济史方面来看，人类社会经济不断发展，三大产业的地位也在不断变化。工业经济取代农业经济，产业结构也相应地由第一产业占主导转变为由第二产业占主导，再到后来，人类由工业经济进入知识经济，第三产业也随之取代了第二产业，成了主导产业。随着新兴技术的发展，社会经济也进入了崭新的时代。而这些发展变化，推动了不同经济结构的形成。

为何在技术创新的作用下，各个地区的经济结构不尽相同？这主要是因为不同区域对产业专业化的侧重，技术创新方向、层次等方面的要求不同，使得区域技术创新具有了浓厚的属地色彩。

区域技术创新不仅是经济结构变迁的重要因素，而且还决定了区域内生产要素的组合方式，并且随经济结构变迁而来的是不同地区经济的发展。随着技术创新不断发展进步，在技术因素和非技术因素方面的投入也和之前有所不同，从而改变了增长方式，加速了经济发展。

区域经济增长方式的转变与产业结构的调整带来了一个结构效应：区域技术创新创造，从不同地域角度来看，创新推动经济增长的关键就是这一效应在区域技术创新影响下，区域内的人员分工、需求及产品结构都在一定程度上有所改变，而且，随着不同地区内各个生产要素的组成及生产运营的方法不断优化，从而会促进各个地区调整产业结构，积极转变经济增长方式。因为大多数企业在经济增长方式上发生了改变，积极调整

产业结构，所以，在技术创新方面也随之产生了结构效应。而且，结构方面的优化提升相应地推动了经济增长质量的提高、运行模式的改变，从而促进区域经济的增长。由此可见，从区域层面来看，其关键就应该是结构效应，因为经济的增长是技术发展在结构效应方面所体现出来的。

二、结构效应路径之一：产业结构调整

产业结构指国民经济内部各个产业之间及相同产业内各部门之间的占比关系，及各个产业和部门中的技术创新变动和扩散的相互联系，并且产业结构在整个国民经济结构中占有重要地位。一般来说，一定区域内通过技术创新，从而推动其内部产业结构的改变，很好地体现了技术创新对经济发展的重大影响。区域内产业结构的改变产生了结构效应，并最终创造了区域经济的发展。由于是在各产业部门增长的基础上实现了经济增长，经济增长的本质就是各产业部门的增长，所以经济发展要求各产业部门之间要保持合理的比例结构。合理和高级化的产业结构，能使经济资源得到合理利用，各产业协调发展，有利于取得更佳的经济效益。不合理、低级化的产业结构会降低经济增长的质量，并最终会影响区域经济的发展和增速。各个区域通过改变并进一步优化相关产业结构产生了刺激经济增长的效果，促进了区域内经济发展。

（一）区域技术创新对产业结构变动的影响

1. 有利于推动产品结构的优化调整

技术上的发展，促进了新产品的诞生，进而带动了相关新兴产业的发展，并最终带动当地产业结构的调整。一般而言，一个区域内如果有新的产业出现，那么就是通过以下两种途径产生的：一是新的生产方式或新兴产品的规模增大，从而形成了新兴产业；二是原有产业竞争能力下降，不断分化，被新产业所取代。与区域技术创新发展有直接关系的就是原有产业竞争力下降，逐渐分化，以及相关新兴产业的生长。创新技术带来的新产品与新兴产业的出现有着紧密联系，并且更深层次的技术创新会在很大程度上降低相关部门的生产成本，使得该部门迎来大规模经营生产的飞速增长时期。新产品的大规模生产与新产业部门的形成，会对生产旧产品的产业部门形成竞争压力，迫使其逐渐消亡。这样，在不断有新兴产业出现并蓬勃发展的情况下，原有的旧产业面临种种压力，逐渐衰落，乃至消失。从中可以看出，之所以原有的落后产业区竞争力有所下降，甚至到最后的消亡，就是因为区域内的技术创新带来了新的产品，新产品不断更替，相关新兴产业则顺势而生，但这也极大地提升了自身区域内创新产业结构的进度。

2. 促进需求结构的改善

技术革新会直接或间接导致需求结构变化，对产业结构调整带来引导作用。消费结构之所以会发生改变，一个重要的原因就是创新带来了一系列新产品，并推动产品更新换代速度的提升，最终使消费者的需求发生改变。生产的首要条件是市场需求结构，所以，一定程度上，市场需求结构和产业结构的变化是呈正相关的。从一种角度来看，随着技术的创新，人们在生产和生活上都产生了新的需求，相应地也会推动相关新型产业的发展。同时，这也会使部分原有的需求下降，从而导致相关落后产业的衰败，在这种情况下，就会造成相关产业结构与之前相比发生极大改变。简单来说，技术创新不仅造成了产品结构的改变，还推动了相关产业的消费结构发生极大改变。从另一种角度来看，企业在技术上的创新使得商品的生产成本和价格在一定程度上都有所降低，这就相应地推动了消费市场的扩大，使得之前的购买欲望转变为购买能力。由于新兴产业的兴起，不断创新出新产品，这也就推动了城市人均消费水平的提高。而作为消费者本身，不管是因为收入水平的提高，还是出于对新产品的兴趣，都会产生一种新的消费需求，从而推动需求结构的转变。这样，由于消费结构发生了改变，相应地产业结构也就发生了变化。

3. 有利于分工进一步深化

相关产业在技术专业化程度上不断提升，以及社会中各个人员分工水平的提高都与技术创新有莫大的关系。而且，产业技术创新，有利于经济社会和各个区域内产业分工的深化，而这反过来也会推动新兴产业的发展。以18世纪的英国为例，英国在此时期进行了产业革命，此次产业革命的标志是蒸汽机的发明及使用，在产业革命后期，英国基本建立了现代大机器工业，工业也成了经济中的主要部门。以英国产业革命为起点，在其以后的企业产业结构的改变及新兴产业的涌现都与大的技术改革有关。

此外，技术创新之所以能促进相关企业优化在投入与产出方面的比重，是因为各个企业之间有着紧密的技术上的联系。并且这一联系通过就业结构的变化推动了产业结构的调整。

（二）产业结构调整对经济增长的影响

1. 有利于提高相关产业资源配置的效率，促进经济发展

但在现实经济中，由于我们对风险的预知能力不足，再加上企业生产要素的不完全流动，在各种情况都不平衡的条件下，经济仍然取得了一定程度的增长。决定一国经济增长率高低的一个重要因素是劳动和资本能否顺利由生产率较低的部门流向生产率较高的部门。因为各产业的劳动生产率不同，所以调整产业结构的过程，实质上体现了各个产业重

新扩展和收缩的进程。它本质上强调了产业的专业化与分工的精确化，并随不同产业的劳动生产率重新组合。这样，如果能推动生产要素顺利流动，产业结构合理调整，就会相应地促进资源配置效率、经济综合生产力的提升，并最终促进经济良好发展。

2. 主导产业的更替促进了经济发展

现代经济的增长大部分是依靠具有超出平均增长率的新兴产业，这很好地体现了产业结构变化对经济增速的影响。罗斯托认为，现代经济增长实质上是部门的增长过程，经济增长开始于由具有高于平均增长率的新兴产业，随之而来的是一个企业的主导产业及其相应的体系增长率都有较高的提升，而这在一定程度或者说在某种方式上都有利于整体经济的发展。

3. 产业技术创新与社会各阶层分工水平有利于产业结构的改善，而产业结构的调整成了经济增长的根本动力

由于企业不断细化社会各部门的分工，使得相关产业部门不断成长，把不同企业更加紧密地联系在一起，结构效益也由于社会分工的一体化、专业化而提升到了重要位置，在推动经济发展方面发挥着关键作用。推动产业发展的一个重要原因是技术的创新。通常来说，下面两种方式体现了技术创新对产业结构改善的影响：①技术创新推动了新兴产业的出现及发展，这些新兴产业不断向其相关产业扩散，推动了国民经济的整体增长；②技术创新带来的改良技术推动现有产业的发展和创新，进一步达到促进资源合理配置，促进企业劳动生产率提高这一目的。如果这两种方式都能被很好地利用，或者把二者结合起来运用，一方面会促进相关产业结构的改善，另一方面对整个经济社会的发展也会产生深远持久的影响。

三、结构效应路径之二：经济增长方式转变

经济增长实现的路径是经济增长方式，决定经济增长的各个因素的结合方式也是经济增长方式。从技术创新方面来看，根据投入的科技水平不同的原理，把经济增长方式分为粗放型经济增长方式和集约型经济增长方式，前者以要素投入增加为主，后者以全要素增长率为标志（注：全要素增长率大多数情况下表示技术创新或进步大大促进了增长）。要实现经济增长可以通过两种方式：一是粗放型经济增长方式，二是集约型经济增长方式。前者是在生产要素的使用效率、结构和质量不变的情况下，只是大量地投入和扩张生产要素，投入更多的劳动力和成本，而并不是依靠创新技术实现的经济增长，实质上，粗放型增长是外延式的增长，只关注数量增长，效率不高。而后者更多地依靠技术创新、劳动者素质提高以及设备、资本和原材料利用效率提高来实现经济增长，这样使得生产要素组合

得以优化，也使生产要素的质量和使用效率提高，这种方式是内涵式增长方式，效益高，并且也会在本质上提高经济增长质量和效益。

要促进转化经济增长方式，就要通过技术创新来使区域创新成果经济化、企业竞争力强化、运行与要素组合优化。技术创新的结构效应应该顺着转换经济增长方式的路径表现出来。创新区域技术的结构效应，方法之二就是通过转变经济增长方式。

创新区域技术以促进区域成果经济化的方式对经济增长方式的转化产生积极影响，而后产生结构效应，从而促进经济增长。虽然说科学技术是第一生产力，但是这并不能说明科技进步的同时，经济也在发展，科技与经济两者之间并不是简单的线性关系。只有经过科技成果转化的过程，才能将科技成果变成现实的生产力和适销对路的产品。因此，科技总体水平和将科技转化为现实生产力的能力直接对一个地区的经济发展起到作用。区域技术创新能够使经济增长方式增长速度更快、增长质量更高，并且由原来的粗放式变为集约式，是因为创新区域技术就是一个经济效益由科技成果转化而来的过程，它促进了经济和科技研发的共同发展，也促进了科技资源转化为现实生产力这一过程。与此同时，可以尽量避免"两张皮"现象，即经济与科技之间没有关系的现象，也使经济发展对自然的依赖性有所降低，可以投入最少要素却获得最大的产出效益。要想提高经济增长率，就要首先创新区域技术，这样才能使科技成果经济化程度加深，并且提高区域经济增长成分中的技术含量，转变经济增长方式。

创新区域技术可以发展经济，主要是使运行方式与要素组合优化来转变经济增长方式，从而产生了结构效应。不一样的经济增长及增长效益和质量也许是由不一样的经济增长方式所导致，所以说，经济增长方式的运作结果是发生了经济增长的事实。只有加快经济增长方式由粗放式向集约式转化的步伐，才能实现投入更少的要素获得更多产出的目标，才能使经济不断发展。生产要素的运作方式与组合方式为经济增长方式转化所依赖，而创新区域技术又为要素运作方式和组合方式的优化奠定了基础，可以带来更好的经济效益、更快的经济增长速度和更高的经济增长质量，这也是由于创新区域技术可以提高劳动者素质和要素配置效率，并且改善要素投入质量。创新区域技术和因其而转变的经济增长方式，都可以达到提高区域经济增长质量或效益的目的，也可以达到获取更高区域经济增长率的目的。转变经济增长方式要以创新区域技术为基础，这样不仅能在很大程度上提高效益、节约资源，还能极大地促进经济发展。

创新区域技术可以转化经济发展方式，主要是通过提高企业竞争力，进一步使经济增长并产生结构效应。在市场上营销的工艺和产品由科技成果转化而来的过程就是创新技术的本质，这个过程包括"科技研究与开发—新产品试制与生产—市场营销技术商业化—技术创新扩散"。

  创新技术可以提升企业产品使用价值及技术含量，并且获取不错的经济效益。要想增加产品市场占有率，增强企业竞争力，企业要引进发达的装备和工艺来替换落后的，把技术资源转化为现实生产力，提升产品技术含量。创新技术同样可以使老品牌的生命周期加长，使其市场占有率稳定起来，并且使企业的竞争力增强。创新区域技术的根本目的就是获得利润最大值，增强企业竞争力，这都可以通过增加发明创造成果在区域企业生产中的运用以及开拓企业新市场来实现。若是区域内有某企业成功创新了技术，那么会有利于该区域经济增长方式由粗放型向集约型转变，也有利于提高经济增长质量，这是因为大面积的新技术扩散会引起区域内其他企业的模仿，也使得区域外贸结构、市场结构及产业结构发生变化，从而产生创新技术结构效应。这样，更高层次的技术创新高潮由新一轮技术创新引起，不断重复这种创新，有利于区域经济的持续发展。

第七章 区域创新主体协同研究

第一节 区域创新的功能定位、功能协同及功能耦合

一、区域创新主体功能定位

最初的创新理念只有两个分支。其中一个是以对技术进行变革和推广的标准，另一个是对制度进行变革的标准，很明显针对的是不同的对象。后来管理的重要性逐渐凸显，德鲁克等人将其引入创新的新理念，丰富和发展了熊彼特开创的创新的内涵。随着管理这种新的分支在21世纪逐渐应用，它较20世纪初产生了更大的影响，获得更多人的认可，覆盖的范围逐渐扩大。但是由于各自的特殊性在实施的三大主体中包括（政府、企业、院所）具有不同的侧重点，笔者在以下举例中会对它们进行进一步的划分：

对政府来说：在市场中，政府作为一只有形的手，起到了宏观调控的作用。同时政府具有对下设各种部分管理职能，因此，要想在政府内实行创新需要做到以制度为主、管理为辅的创新。对企业来说：一个企业要想发展，立于企业之林，创新是亘古不变的话题，同时在发展中，机遇与挑战共存。要想保持始终领先的竞争力，就要创新。这也决定了企业需要重视技术创新，但光有技术是远远不够的，每个好的企业都需要有一个好的管理者，才能带领企业更上一层楼，因此企业必须兼顾技术和制度上的创新，也要做好管理学的创新。对于院所来说：一般指的是研究院、实验地等高端地区，技术自然是核心，无论什么组织，只要它有组织、有纪律，它都需要制度上和管理上的创新。

（一）政府功能定位

1. 政府制度创新

（1）人才制度创新

想达到区域创新，要知道创新的核心在于人才，所以，政府对创新上的要务变成了如何招揽和留住这些人才。政府作为政策的制定者，就要考虑以下的问题：如何在实现资源的合理配置下，促进人才的流动？首先，政府要出台留住高端人才的政策，要尽可能全面地设计出关于人才的流动、引进、竞争与评价的制度。其次，成立正规的企业结构，尽可能地资助条件不好的人才，为人才提供好的工作环境氛围。从而营造事业造就人才，环境留住人才，政策鼓励人才，法律保障人才的大好氛围。

（2）资本制度创新

政府在创新中担负着多重角色，不仅要掌握资金投入的动向，也要对制度进行规划，因为投资的不确定性极大，政府承担风险的同时还需要推动效率的提高。固定可靠的资金确保了创新的顺利进行，政府可以采用以下方式来完善创新的机制：一方面，在不影响资本特性的情况下，如何建立以降低风险为核心的机制，做到使企业参与和政府扶持的互动的有效场面。以此赢得好的效果，不断向国内外学习先进经验来为企业注入新鲜的活力源泉。另一方面，政府具有宏观调控的职能，可以运用行政手段对小微企业进行扶持，比如降低税率等措施，对新兴创业进行资金上的援助，促进企业资金构成多元化，吸引来自金融证券、民间资本、风险投资来实现融资发展的新平台。为了跟上时代进步的步伐，政府有关部门提出"新三板"，此项政策不是大众的，它针对的是高尖端的上市股份公司，政府对特殊的企业实行特殊的政策是在资本制度创新上的一大体现，为了匹配高尖端公司，而设立一系列包括银行、金融超市等设施是该有的配备。

（3）技术发展制度创新

此项虽然是政府的辅佐制度创新，但是不得不强调政府对企业的调控需要技术上的指导。原因就是体系创建的关键是技术是否进步到可以成为企业的强大竞争力，因此政府也需要对企业奖惩有度，一方面对积极创新的企业进行资金与技术上的支持与鼓励；另一方面也要对需要被淘汰的企业进行法规上的惩罚，例如破产、改组等。例如一些优秀平台：火炬计划，863和973、各种层次的重点实验室与研究中心。这也表明了对一个需要创新的大国来说，一个可以共享的平台、一个完备的制度、一个健全的科技系统是极其重要的。

2. 政府管理创新

①管理组织创新

之所以提到管理创新，因为这是一个不得不提的话题，组织上的创新不仅可以促使组织管理更加简洁高效，而且这才是推进区域经济创新的有效方法。要对现有的管理体制进行革新，必须对部门设置创新，简政放权一直是热点话题，那么，如何做到简政放权，这有一些具体可行的办法：裁减相关职能的部门，细分行政范围，尽可能减少当今社会上出现的办事难的问题，行政主体将手中权力向社会管理、宏观调控、公共服务方面转变，实现权责对等的要求。这有几点具体措施：其一，先成立一个具有代表性的小组，这个小组负责对区域进行规划、制定政策。对促进创新的工程进行监督协调，对体系的创建进行指导。其二，定时召开联席会议，解决计划实施规程中遇到的困难。其三，成立专家委员会，专家是一个领域顶尖的代表，不同学者的新方法的碰撞可以为其增添活力，更好地献计献策。其四，成立区域管理委员会，在工程实施中起到监督和推进的作用，解决需要面对的具体情况。

（2）管理方式创新

对方式上的创新，也有以下几种具体可行措施：第一，转变思维，从传统的行政管理思想转变到具有服务意识上来，现代社会需要的不是一个全能的政府，而是一个"有限的"政府。第二，将更多的机会下放到区域非官方的机构之中，促进政府职能的转移，让社会上的中介组织发挥区域的创新管理模式。第三，让技术融入办公之中，高速发展的网络系统，能在网络上推行更好的政务公开，确保政府提倡的公开与透明，这是一个与时俱进的政府必须要做的，如果它想提高办公行政的效率和水平，就必须利用网络，实现信息化与网络化。

（二）企业功能定位

1. 企业管理创新

在创新浪潮的大环境之中，正确地创新，相较于传统而言，它代表着竞争力和市场认同感，这一切都有利于对经营方式的创新和资源的合理配置。实现企业规模扩大、企业做大做强的目标。管理理念与战略创新是一个企业创新行为的原则与导向，由管理理念的感性与理性知识构成，它在以人为本、知识管理、经济一体等方面上体现着企业管理的功能；企业组织结构上来说，企业一般通过现代化的扁平组织，从灵活、开放等特点超越过去金字塔形领导结构。这更好地诠释了运行载体所需要的关于权力制衡、界定跨度等需求。但是，这些都是在理论或者制度的想法，在市场的投入获得如何的回报才是检验真理的唯一标准，甚至可以说这也是检验企业的创新能力的一大体现，在现有的市场竞争创新模式中，关于创造市场需求、行业标准、网络营销、全球性的采购方面是企业家们相互一较高下的竞技场。

2. 企业技术创新

技术上的创新包括在外观上、实质上、发明创新上的新研发，因此技术进步可以说是区域创新体系的构建组成。一个新产品面向市场的步骤主要有三个，包括对要素、组合、产品方面的创新。在要素上，企业通过在资源、材料、人力资源多方面的创新；在组合方面上，把产品的时间、空间布局处理得更合理，使生产中的工艺与过程结合，促进效率提高和资源配置优化；在产品方面，市场对企业生产起决定作用，市场对产品的种类、构成、效果更具有话语权。更进一步讲，企业要做的是如何把产品的种类、构成、效果真正实现创新，企业通过掌握市场的动向来把握产品，满足消费者预期实现种类创新，再通过对生产中面临的结构方面、性能方面、使用操作上有所革新，使其更具人性化、更实用安全来实现构成创新。还可以通过设计产品，满足消费者需求来实现效用创新，达到效用最大化。

3. 企业制度创新

谈到制度创新，企业与政府因其功能不同，对制度创新有不同的内涵。政府的行政功能决定了它需要更加宏观的规划，而企业则是针对本企业的具体化。二者既有区别又相互补充。那么，如何建立起真正适应企业的制度，最基本也最重要的就是公司的激励约束制度；其次，要建立与完善产权制度和经济管理制度。因此可知，当前我国规定企业的三大主要制度，包括股份制、有限制、股份合作制等，可以看出产权制度决定企业性质，是根本性制度，代表生产资料的所有制问题。不得不提，在这种规则下，民营企业反而具有更加敏捷灵活的特点。经济管理制度主要包括对目标制度、激励制度和约束制度的创新，它是一种关于经营权，关于行使条件、限制范围的原则，是对日常管理运行的总称。

（三）院所功能定位

1. 院所技术创新

不管是对企业技术创新还是政府技术创新来说，院所的技术要求才更具有代表性，这也是把技术要素放在首位的原因。院所技术上的要求更前沿，更专注于对基础、实验、设计等基础性研发。主要有三种开发模式：资源上的创新，依靠技术，学习模仿国外技术、合作。在此过程中，企业充当的只是实现一个完成市场需求→研究开发→设计试制→生产销售多层次的商业过程，不同于企业，院所更看重技术上的研究与开发，实行计划制订→研究开发→设计试制→生产销售的模式推动，随着社会进步，也逐渐向研究→实验开发→设计试制→生产销售的科学方向推进。

2. 院所管理创新

相对于企业管理的延后性，院所制度具有更高的专业程度，灵活的市场反应，较轻的负担。院所主要通过对项目决策、科研项目、人才绩效管理、成果商业化等一系列问题的创新。院所更需要通过注重人才的发展、创新和研究技能的提高，达到院所科技资源的高效利用与合理分配，更好实现创新的核心功能。还必须营造学术创新氛围，社会上也需要包容创新失败的机制。

3. 院所制度创新

对于制度上的创新，不论是关于企业、政府还是院所，这都是不可绕过的问题。同理，他们处理的方式也具有异曲同工之妙，都需要建立与之相匹配的制度。通常包括产权制度：产权明确、条理清楚，是院所发展的必解之问题，要想实现区域创新的主体功能，就必须推进制度的发展。员工收益分配：为了激发学者们的创造力，资本上的投资与鼓励是必不可少的，院所通过对类似股份形式、期权、期股的分配将极大地激励员工的积极性。这也极大地减少了由于院所短期的不当行为，影响团队力量的可能性。产学研联盟合作制度：多领域、多层次获取资源来利用拥有的技术与物质基础。达到学者和科研人员合作共享的平台，促进创新网络的有效实施。

二、区域创新主体功能协同

（一）区域创新主体功能协同类型

1. 按功能发挥角色划分

根据不同的区域创新主题，我们将其划分为两种不同的角色，包括主导协同、参与协同主体的方式。因为主体涉及政府、企业、院所，它们具有不同的特色，功能发挥上也必然存在一些问题，它们不同的方向范围，供应了不同的需要配合的主体。

2. 按主导功能数量划分

不同创新主体体现着不同的供给，来满足不同的发展阶段需求。因此可以呈现不同的主导功能数量：分为单主体主导型和双主体主导型，他们较为符合发展中面对的实际，还包括多主体主导型，但是过于复杂，并不主流。

3. 按主导功能对象划分

主导性体现在具体方面有单主体主导和双主体主导，分别涉及：包括政府、企业、院所主导的单主体；包括政府—企业、企业—院所、政府—院所等双主导主体性。这里面涉及的政府—院所—企业多重的多主体类型不是主流。

三、区域创新主体功能协同方式

根据实际需要划分为三种方式：点对点、点对链、网络的协同方式。

（一）点对点协同方式

点对点协同，顾名思义就是在三个主体包括政府、企业、院所之间两两协作，一对一地协同活动。在区域创新中，两两协作的关系网络简单，目标精确统一，它具有保密性、技术要求不高的特点，因此根据三者的协作关系，它存在三种情况。这也体现了这种模式的局限性，只适合在规模小的企业公司与研究机构，极少出现在规模大的企业与研究机构里。

（二）点对链协同方式

它存在六种可能发生的情况：①单个企业与多个院所合作，它一般是由经济和综合实力强的大企业承办，依托于周边的高校与研究所合作，共同成就了企业所需要的产品等一系列创新，提高产品实力和竞争力，占有更多的市场。②单个院所与多企业合作，这就体现了院所科研研发实力强，一对一的商品化难以满足前沿的创新技术，通过上中下游的配套设施合作与成果商业化，获得市场的认可，这既有利于企业创新发展，又有利于院所的实验科研成果推向整个市场的过程，实现了双赢。③单个政府与多企业合作，一般产生的这种模式处在某一地区，政府利用行政权为某一地区特色产品的政策鼓励，通过此类合作协同发展。④单个政府与多个院所的合作创新，一般这种模式都是政府为了鼓励相关院所的新技术的推广和研发，对于某项基础研究或者公共共享技术产生的协同创新。⑤单个企业对多个院所或多个政府部门这种点对链的方式现在还未实施与推广。但这是值得期待的对多个政府与企业、院所等新模式的开发创新。

（三）网络协同方式

网络协同是很复杂的、很难统一的，但是却更符合现存的区域创新的实际情况，因此它常见于现在的多企业、多院所、多部门的协同创新活动中。本节讲述的也是此方式，在网络协同中，前文提到的政府、企业、院所这三个主要产业。通过在网络上进行知识方面的交流、扩散、互补、技术上的转移、利益上的共享与风险上的承担，真正实现协同与资源发展。因为网络的便捷性，致使越来越多的主体参与其中，随着时间推进，涌现了更多的规模大、实力强、跨领域、跨行业的共同创新，这些扩大也代表着原来简单的合作关系趋向复杂性和难度的增大，这也为组织上合作的结构与关系出了难题，管理也不同于以前。

三、区域创新主体与阶段间的功能耦合

（一）功能耦合思路

1. 功能供需匹配思路

政府、企业、院所三大主体的核心功能和辅助功能都有所不同，按照供给和需求匹配的要求，使之成为最大的突破点。区域创新和新阶段功能最根本的就是关于功能供需匹配思路。在区域创新中，需要满足初创值、成长期、成熟期到升值期这些需求。这体现了要从初创期到成长期，需要聚集功能需求，再从成熟期的创新驱动过渡到升级期的机制改革，这些过程都是在发展体系中，必须要经过的过程，逐渐成长为所需的成长需求，体现在创新的区域主体间，使之在三大主题的主要核心的功能与辅佐的功能能分别体现出重点。

2. 主导主体转换思路

转换思路顾名思义就是换位思考，无论提到双主体还是单主体之间的协同，它们都是有共同点的，都存在主导主题，主体间如何协作、主体间如何创造出各异的效果，这些演化出来的新需求往往由功能发挥得是否相妥而配合。要知道创新过程是要经历以上提过的初创、成长、成熟、升级的阶段，功能随情况的不同而有所变化。区域创新是要求变化的，无论是从要素聚集还是产业主导或者更深层次到创新的驱动与机制之间，这些要求都是客观需要的。因此可以说，创新发挥的关键是协同中的不同主体，只有具有主题变换的思路，将主体不停地转化，才能让主体与新阶段功能相结合成为可能。

3. 资源优化配置思路

如何使资源使用效率得到更好的提高呢？在资源优化配置之中，为了发挥实施过程中的最大效果，为了奠定一个更高的阶段创新的新基础，首先，我们要知道优化是对资源合理配置的最好处理结果，因此要在阶段中实现最大的使用利用率和优化；其次，在

实施阶段中，对创新资源的效用最大化的安排，为协作提供支持。这是如何分配对以上我们探究的政府、企业、院所的三大主题所持有的现有资源又是一个值得商讨的问题。它们因为发挥职能的不同，资源的拥有量也各有不同，比如：政府拥有大量优惠的政策、财政。企业掌握广泛的市场资源与生存方面的资源。而院所则有大量的人才，他们通过人才培养、科技研发等手段打下坚实的基础。对于创新的条件，此时三者资源进行分配协作，发挥效用最大化是重中之重。资源的优化配置在市场中的地位极为重要，并且主要的资源一般都是通过市场调节配置，但是市场调节存在着自发性、盲目性、滞后性等弊端。但不可否认的是它具有公平、竞争、开放的特点，能更好地践行适者生存的法则，是市场具有活力生机的重要保障。为了使优点更加突出，需要政府的帮助与调节来改变，市场的自由调节机制与政府的宏观调控的强强联合一定可以促进区域主体的顺利发展，资源利用最大化指日可待。

4. 效益最大化思路

为了实现最后的整体目标的顺利进行，可持续发展是我们必须始终奉行的准则。因此，在实施过程中，我们不仅需要着重看区域经济的效益，还要注重整个地区的生态环境，以及可以创造的社会效益。既然区域创新主体和创新阶段的共同目标是实现整个区域创新效益的最大化，就要明白不能过于夸大注重某一领域的单个主体功能的发挥，也更不能忽视整体功能的耦合效益。为了区域经济的持续发展，我们要做到统筹兼顾，切忌一味地追求经济忽视其他效益的实现而得不偿失。

（二）功能耦合模型

因为政府、企业、院所这三个主体核心功能各不相同，所以单独靠一个单体的主体是没有好的出路的，要想实现三者之间的协同，我们要知道创业历程包括的初创、成长、成熟、升级都是动态的。要使它们在动态里相互分配，协调资源，促进创新向高阶段迈进，实现创新的经济效益与生态和社会效益的有机统一，实现发展可持续。实施过程中要找到实施的主体，根据功能对接原则来确立可以支持的主体，理解创新中所要满足的新诉求。

首先，发展区域创新要使政府在此居于主导作用，形成了良好的低成本的要素聚集，培养适宜创新发展的土壤，营造良好氛围，打造适宜环境。这些都是由于初始阶段，发展中可能出现的资源要素聚集的不确定性、不稳定性而决定的。其次，由于长期居于市场上的优越位置，拥有良好的管理制度和高新技术的企业占有优势，在此阶段对接政府的短板成为主导主体，参与市场竞争要有竞争优势，而市场具有市场化、规模化的特点，决定具有高度集群的组织更适宜参与激烈的市场竞争。更重要的是成熟时期，此时创新驱动的专业性、知识化决定了区域必须依靠在发明、应用、外观领域不断取得创新成果的团队或组织，没有不配备专业的学者团队和专家的。总而言之，在升级改革的大趋势中，具有调控掌握大局的、推行实施发展的强有力的领导者，往往成为创新改革的主体，此时政府的大局意识和调控的优势使之往往成为更具有权威的领导者、主体。

第二节 区域创新主体协同演化过程

在这个过程中，存在着合作与博弈共存的特点。如何在政府、企业、院所三者中谋取到最大利益，使得所有参与者都获得共赢的结果？此时三者协调合作会造成怎样的效果成了一个判断协作是否成功的理由。比起过去的协作中，静态的合作往往具有主流姿态，甚至在国际科学工业协会中提出的"三元参与理论"，还有我国国内提出的"五元驱动理论"，它们都不是真正动态的，都具有静态的理念。

三螺旋模型（TripleHelixModel）将DNA结构的生命科学猜想，引入院所、企业、政府三者之中进行对比。完美地诠释了三者动态协作的全过程，解释了区域创新主体协同在生物学上的动态演化含义。详细来说，为什么将它称为螺旋式演化？因为它们三者既可以合作又可以独立，合则产生互动，将知识、行政、生产的体系等活动创新统一，形成三方网络与混合。分则各执一方，可以完全不借助对方的能力完成活动。因此它们的关系可谓是合作与竞争共存，这种关系完全可以通过强强联合和竞争博弈来进步，也就是螺旋式上升的演化。

上文提出的科研机构→产业→政府三螺旋模型中螺旋式中，可以准确地说明动态化的全过程，因此它可以足够科学地为其他的区域分析与规划创新的关系。以前文功能耦合思路与模型为基础，建立区域创新主题协同的演化过程。我们将其发展历程规划为主要四个阶段。①初创阶段，采用以政府为主，企业和院所为辅的模式。这种模式可以极致发挥政府宏观调控的作用，在创新的开端，起到政策上的领导与支持，满足了要素集聚间的博弈。②成长阶段，采用以企业为主，政府和院所为辅的模式。此时，创新道路走向正轨，政府的调控功能减弱。逐渐过渡到必要参与者，而企业凭借市场上的先天优势，在成长阶段迅速发展，占领市场，满足了产业所需的协同博弈。③成熟阶段，形成以企业、院所为主，政府为辅的模式。此时院所的前沿科技与企业的产业模式发挥了不可替代的作用，也满足了创新技术为主导的博弈。④区域升级创新阶段，无论是政府、企业还是院所，都发挥着不可替代的作用。形成了真正的博弈关系。

第三节 区域创新主体协同效率指标体系

一、指标体系构建的原则

（一）科学性原则

科学性原则就是用效率指标科学地衡量和反映政府、企业、院所这三者关系的行为。为了实现科学的为人所认同的结果，这个目标需要以区域创新原则为基础、实践经验为主实施实现目标。

指标的制定需要遵循一定的准则，在这个过程中我们要根据相应情况制定相应的准则，学会因地制宜；指标数据要真实准确，不能太过冗余复杂；每一条指标要严格制定，而且每一条指标都应具有一定的代表性，让人一目了然，并简明扼要地概括区域创新协同发展的真实情况。

（二）系统性原则

区域创新实体主要包括科技、创新、人才、企业、政府、机构、产业、环境、指标创新、科学技术创新、行业管理创新等诸多因素。区域创新实体的内容主要集创新投入、主体系统、主要内容以及产品产出等于一体，具有一定的完整性。因此在对其进行概括时需要运用系统的视角来评估区域创新主体的特点和协调状态，而在构建区域创新实体的指标时也应从整体的角度来客观描述政府、企业和机构协作的工作机制，准确地阐明区域创新共同作用的结果。

（三）可比性原则

各地区在区域创新实体评价指标体系中的协同效应应根据规范明确界定评价指标，并调整统计范围，保持一致性。首先，区域合作创新效率指标应该在不同时间或空间范围内具有可比性。在制定指标的过程中要根据实际情况，因地制宜。如果某些指标在一定时期内没有明显变化，而且在区域之间也没有较大差别，那么它将不作为制定指标时的参考选项；此外，如果具有很重要的地位，那么在制定时应分配较多的比重。其次，在不同时间和地点，指标的口径和范围都应保持一致，进行比较的是平均数或指数等。最后，在指标体系的制定过程中，指标数的选取应适当，过多会使指数复杂，过少会使指数简单。

（四）可操作性原则

可操作性是构建区域创新实体指标时最基础的准则。在构建的过程中我们应充分考虑两点：首先，为了保证构建工作的顺利实施，指标选取以及数据收集的前期准备工作要做好，权衡好各种理论和实践之间的利弊关系，在遇到一些困难的时候我们可以适当地选择添加或删除一些指标来满足工作的需求。其次，评价指标的构建需要因地制宜，根据区域的实际情况简要概括，并能真实准确地反映当地的协同构建的主要内容和实时状况，同时指标体系还应具备反映区域创新实体构成元素变化的能力，当企业、政府、院所协同发展时，过程中发生的变化应实时反映出来，指导人们不断发展最大化指标体系的意义。

二、指标选取依据

（一）投入指标

一般情况下在分析各地区创新型企业的合作时，我们主要从三方面进行考虑，即科学研究与试验发展研发人员投入、科学研究与试验发展资金投入、科学技术的投入。而在之前的国内外文献中一般只考虑科学研究与试验发展资金投入和科学研究与试验发展研发人员投入这两点。其中科学研究与试验发展资金投入体现的是在区域创新的过程中资金的使用情况，科学研究与试验发展研发人员投入反映了创新过程中人才、资金、创新三者共同作用的结果。本书加入的科学技术要素反映了其在创新过程中对协同效率的积极作用。

（二）产出指标

从分析区域创新组织合作效率的角度出发，国内外研究文献集中在三方面。首先，专利的使用反映了社区实体之间联合创新的效率，因为有些发明选择不申请专利，所以在衡量是否适合创新时产出受到学术界的质疑。其次，有些发明专利存在一定的缺陷，因此在选用专利数来代表区域创新的工作效率也是存在一定问题的。最后，高新技术产值也不能被直接用来代表创新成果的价值。以上三种都存在一定的问题，但是我们并没有找到一种更合适的指标来满足我们的所有需求，因此这些指标在当前的研究中仍被广泛使用。本书综合以上情况，选择将上述三种指标协同合作反映区域创新实体的工作效率，三者紧密结合可以较为准确地反映我们的工作效率，并与第二节区域创新实体中的创新产品产出要素、创新产业产出要素、创新环境产出要素一一对应。

三、数据选取诠释

（一）投入数据

科学研究与试验发展投入人员数（单位：千人），研发人员主要来自政府、公司、研发机构、学校等地。而人员的数量也可以在一定程度上反映区域创新的工作效率，尤其是研发人员的实力更能体现区域创新实体的协同效率。但经过计算可知投入的人员数量主要来自政府、机构、学校，其余的所占人数比例很小。

科学研究与试验发展经费支出总额（单位：亿元），是指各地区研发活动的支出，并在一定程度上反映了各地区创新投入力度和研发规模。与此同时经过统计可以看出其中科学研究与试验发展经费支出总额也主要来自政府、公司、研发机构、学校等地，尤其是在政府、机构、学校这三个主体中所占的份额比最大，因此可以用科学研究与试验发展经费支出总额代表政府、企业、院所（科研机构和高等院校）三大主体协同科学研究与试验发展经费支出。

技术市场成交额（单位：亿元），是指在区域创新的过程中科学技术的使用规模，我们将用"各地区科研技术的交易总额"来替代。科研技术交易总额的来源很多，但企业、学院、政府所占的比重最大，大概在90%以上。其他地方的交易额占比相对来说比较小，像科研所、社会团体、普通老百姓、医疗卫生等。综合上述情况，我们可以用科研技术交易总额大体上代表企业、学校、政府的协同发展投入。

（二）产出数据

新产品项目数（单位：个），是指在原有技术的基础上添加新的创新科技、新的研发思路，从而生产出新的产品，相对于旧的产品性能有大幅度的提升，研发新的性能使其在使用功能方面更能满足人们的需求，更能体现出协同创新的工作效率。

高新技术产值（单位：10亿元），主要指投入的创新型科研技术在创新活动当中带来的更高一层的经济成果，而取得的成果的大小可直接反映高新技术在创新协同活动中取得的成功度。

专利申请数目（单位：百件），在一定程度上体现了创新的成功度，以及一个国家科研技术的能力大小。此外，它也是衡量知识产权、专利工作的重要指标，反映国家的科技进步。

（三）指标体系

构建的区域创新实体的指标体系首要是具有很强的实际操作能力，因此必须严格挑选数据和指标。构建的指标体系由三个级别的指标构成，一级指标是区域创新实体的协同工作效率；二级指标是区域创新实体的投入以及产出；三级指标是研发人员，研发支出，技术市场销售，新产品项目，高新技术产品数量，专利申请数量。

第四节　区域创新主体协同路径

一、区域创新主体协同的组织路径

（一）组织路径形式

组织路径形式是区域创新主体首先必须找到的方式之一，以实现合作目标。在合理有效的组织调整框架内,区域创新主体将更加有效地推动创新活动的实施,否则会阻碍创新活动的扩张。根据企业、政府和机构的组织方式,组织的路径分为两类:实体组织联盟和虚拟组织联盟。

1. **实体组织联盟**

联盟运用政府自身系统的创新,利用自身管理创新的优势,创新实体组织企业、政府、医院等,在业务基础上建立一定的契约关系,财政支持收益机构的优势在于利用人力资源开发自主创新,共同为区域创新相互配合、相互支持区域产品的各个阶段分享必要的创新投入资源,共同推动工业与环境创新发展。在企业技术创新与合作开发领域,基于研究创新,创新的效益各不相同,在创新实践和共同发展领域,寻求形成地方社区协会实体品种的重大创新。区域创新对象合作的作用根据不同的主题和目的,可以将组织的研究联合分解为一个构建,该项目是一个三模式的实体操作系统,它被推到一起建立联盟。主要的区域创新组织提供一定的数量,直到形成三种不同的合作模式,组织的实体共同合作,充分设计业务以满足各种创新的需求和利益。它将与政府、研究机构共同发起,实现其优势资源的有效整合,展示路径参考。

(1)共建研究机构

一是共建重点实验室。实验室是由企业、院所、政府三大实体共同建立的,所需的资金主要来自政府的支持,企业或院所占较小的比重,但它们提供主要的技术支持,其中企业提供实践过程中所用到的技术和研究设备,院所提供构建过程中所用到的基础性的知识原理。共建的重点实验室使创新活动的工作效率大大提高,不仅使科研技术和试验设备得到提升,而且加快了科研成果的产出速率,从而增强了我们的竞争能力。

二是共建工程技术研究中心。工程技术研究中心主要是针对创新技术的研发,为了这个目的,三大主体共同努力,充分发挥自己的实力。政府主要是提供相关的资金支持,而企业和院所提供资金支持,也会根据自己的能力提供相应的人才或设备支持。根据三大主体提供支持所占的份额比例得到自己相应的劳动成果。构建的工程技术研究中心主要是为了进一步提升研究成果,或者对其再开发从而更能满足人们的需求。也可以为三大主体创造出更加强大的科研技术和创新产品,为经济的发展提供更加强大的基础。

三是共建技术开发中心。与主要研究实验室和工程技术研究中心相比,共同开发的技术开发中心通过市场需求和技术开发支持,基于公司的战略需求开发出具有竞争力的新产品,旨在开发新技术、新产品。公司联合建设技术开发中心占据主导地位,并提供大量研发资金和设施支持,根据合同关系,它们提供技术和人才方面的合作与支持,以及制定国家技术战略的方向。根据适当的程度给予某种程度的财政支持和政策偏好。

(2)共推项目合作

一是基于项目委托开发而形成的组织联盟。组织联盟的创立就是政府、公司、院所互助互利，为了实现一个只依靠自己的能力不能完成的目标而创建的。政府部门为了完成一个自己不能完成的项目会寻找企业或院所做外援并提供相应的资金支持。而院所方面想要完成一个大项目，虽然有充足的人才、技术的支持，但缺乏大量的资金支持。因此这种联盟关系实际上也是一种委托关系，一方有需求并提供资金，另一方满足需求并获得自己相应的利益。

二是基于项目合作开发形成的组织联盟。这是一种相对来说双方都比较主动的联盟形式，为了实现一个更高的目标，合作双方共享自己的技术、资金和人才等。联盟双方会签订相应的合同条款，履行属于自己的义务，完成自己所负责的任务，对于劳动成果双方共享。通过这种合作方式，不仅可以提高双方的工作成果，而且在合作过程中可促进双方的技术人员的交流，提高创新能力。

（3）共建经营实体

一是基于技术入股形成的经营实体。这种组织形式在公司和院所比较常见。合作双方都存在一定的短处，但也都有自己的优势。公司拥有雄厚的资金支持、管理制度等，通过与学校合作，引入院所充分的人才资源，两者互惠互利、紧密合作，形成相互依存的组织联盟体。

二是基于企业整体打包入股形成的经营实体。院所依靠自己的能力创造出来的一些实验成果有些已经完全成熟并可以应用到需要的场景中，但是相比市场上存在的那些成果仍然存在一些不足，如宣传和管理方面等。为了弥补这些不足，充分发挥自己研究成果的能力，需要采用企业打包入股的方式，使成果更加适应商业市场，从而为合作双方带来更高的经济效益。

2. 虚拟组织联盟

科学技术的不断发展会带动各方面技术的发展，如通信技术等，而且人们的生活需求也会不断提高。为了满足人们的需求，一种新的联盟形式应时而出，即虚拟创新组织联盟。它是一种基于创新型的网络合作平台，以一种新的合作形式将信息技术、通信技术、智能技术联合起来，通过不同的需求将不同的主体组织到一起，实现资源、技术、人才的共享，从而创造出新型的产品。在合作过程中也可以提高双方主体的工作能力、创新管理制度、提高科技竞争力等。与之前传统的合作方式相比，这种新型的虚拟创新组织联盟具有以下较为明显的优点：

（1）扩大联盟组织范围

虚拟组织联盟的创建可以帮助我们快速建立一条完整的创新产业链条，满足更方便的需求。因为时间和空间的诸多限制，会给创新活动带来很多麻烦，利用虚拟的组织联盟可帮助我们突破这方面的局限性，联合各种企业、政府部门、研究机构、高等学校等，在各自的空间充分发挥自己的优势，资源共享，创造出更大的劳动成果。借助虚拟平台将创造出的劳动成果进一步向市场推进，实现劳动成果的利益最大化。在创新过程中也可以根据产品的需求加入所需要的成员要素，像金融、宣传等。

（2）提高联盟创新效率

虚拟联盟组织之间的信息传递是基于实现即时信息交换和沟通的网络和信息通道，传统组织形式没有中间环节，组织范围和层次的界限急剧减少。该组织的许多成员将为研讨会提供创新协作分工的最佳选择，并将资源调动速度提高一倍甚至多倍，并提高创新和协作的效率。

（3）增强联盟创新竞争力

利用信息技术和网络技术，虚拟组织联盟可以动态整合和召回各种资源，快速响应创新环境的变化，领先技术创新、管理创新、制度创新。同时，虚拟组织联盟打破传统知识差距，加速知识和流动性的共享，不断获取必要的知识以适应环境，提高联盟动态学习的竞争力。

（二）组织路径演化

1. 松散的创新联盟组织

早期的区域创新联盟组织只是一个创新与合作的基础，主要是为了适应新组织的目标和任务，开展创新活动和维持包括利润分享机制在内的实体之间的创新活动、管理体系、机制、沟通与合作。在这个阶段，创新联盟组织的实体对联盟组织的归属感低，遵循自己的行为模式，资源相对分散，联盟组织成员交流的频率低，创新合作依然处于混乱的探索阶段。

2. 密切合作的创新联盟组织

随着创新联盟组织内联系人数量的增加，主体之间的亲和力增强，建立了有效的分工合作体系，形成了协调内部资源调整平台。由此，联盟的主要参与者实现设施、设备共享，有限的信息知识共享，培养竞争性和创新性的结果，形成具有组织独特特征的创新文化，促进参与者、联盟组织的认证形成一个密切的创新联盟组织。

3. 全面协同的创新联盟组织

随着合作的不断深入，劳动成果的不断增加，各主体的创造能力会不断加强，默契度也会越来越好，从而使竞争力越来越强。在合作的过程中，主体之间会形成一个新的思想水平，组成一个新的主体，共同努力。同时，随着联盟成员间合作的深入，相互知识共享的程度得到加强，联盟成员之间的相互开放达到顶峰。与前一阶段相比，组织内部的分工协作灵活有序，更加积极地加强联盟的职能和目标，任务远远大于成员在合作前的创新动力。

上述三种组织机构正好构成了区域创新实体在发展过程中经历的三个阶段，由最初的为满足需求而建立的创新联盟组织,创新过程中主体之间默契合作,最后形成一个成熟的组织团队。在合作的过程中彼此之间相互促进、相互成长,形成新的管理制度,完成新型的劳动成果。

二、区域创新主体协同的过程路径

(一)过程路径模型

1. 区域创新主体协同的过程要素

区域创新主体的构建需要的元素多种多样,本文在第二节中将这些因素大致分为12种,即人才、资金、技术、企业、政府、院所、技术创新、管理创新、制度创新、产品、产业、环境,根据这些要素我们可以建造一个区域创新实体的要素模型。这12种要素可以进一步分为三个部分,第一部分是行为过程,即企业、政府、学院创建的技术创新、管理创新、制度创新;第二部分投入过程要素,即三大主体投入的人才、资金、技术;第三部分产出过程要素,即三大主体对产品、产业、环境的创新。

2. 区域创新主体协同的过程模型

博弈关系是区域创新过程中不可忽略的,但实际上,主体博弈的关系起初还没有明确,而是演化的过程。根据国内外相关研究成果,我们提出在调整中应包括接触/沟通、竞争/冲突、合作、整合和协同五个阶段。如表7-1。

表7-1 协同五阶段过程

阶段	过程	作用
1	接触/沟通	相互了解与交流,分享部分信息
2	竞争/冲突	为了各自利益产生竞争,甚至冲突
3	合作	为某一目标而分工配合、共享相关信息与知识
4	整合	围绕多项共同的利益,实现资源共享与共同开发
5	协同	形成有机整体,达到整体最优化

基于这一观点,本书还定义了区域创新合作伙伴的接触/沟通、竞争/冲突、合作、整合与协作的过程。事实上,这五个阶段的边界并不清楚,值得注意的是,它们前后有一个固定的时期——同。

(二)过程路径演化

1. 接触/沟通

为了促进区域创新的过程中公司、政府、院所之间的合作,双向通信和信息渠道的交流,就必须建立一种方式来了解对方。它是在协作过程中沟通和共享信息、知识和资源的基础，也是创新主体调整的前提。从实际来观察时，区域创新企业、政府、院所的三个主要领域的典型行为，互相理解，互相沟通，以便能够在相关的创新组织机构之间的沟通，联合召开会议，沟通在这个阶段关于创新的信息，委托人也独立行事。他们通常通过正式的例会，电话和网络与对方进行沟通。另外，这种联系的动机可以基于对主体自身利益的需求。公司、政府和机构主要关注对方的投入、产出，管理创新、技术创新和制度创新。

2. 竞争／冲突

经过一段时间的合作之后，主体彼此之间会有一定的沟通交流，加深对彼此之间的了解，形成一定的默契配合程度。但在创作过程中基于对创新成果的考虑，彼此之间也会加入一些自己的想法，但对于这些想法是否可行又有个人的一些见解。对于政府来说，主要考虑如何实现经济效益的最大化，公司专注于最大化市场利润，而院所主要考虑的是对自己技术实力的提高。基于这些不同的关注点，主体之间肯定会产生一些矛盾，甚至是冲突，相互竞争、埋怨等。

3. 合作

创新过程中的矛盾与竞争好比一把双刃剑，有利也有弊。矛盾过后会让主体之间认清自己的问题，找准下一步工作的方向，了解只有依靠自己的能力是不可能完成这项任务的，只有相互合作才是王道；但矛盾的产生会在一定程度上降低工作的效率，对每个主体也会造成一定的伤害。在这一阶段，政府、企业和院所会共同商讨选择一个具体的研究目标或效益创新等，从而构建新的研发团队，建立新的管理制度，完成新的任务。政府依靠自己的能力提供相应的资金支持，此外管理相关税收的问题，而院所和公司则负责提供技术、人才和设备的支持，彼此之间共同努力，默契配合创造出新的劳动成果。

4. 整合

区域创新合作过程中，三个主体之间相互合作完成某一产品，获得的成果是巨大的，单单依靠一个主体的力量是无法完成的，这样最大化的利益会激励主体之间更具斗志，想要创造出一个更完美的产品，从而进行更深入的合作，在之前的基础之上进一步创新。进而推动主体之间各种资金、人才、科研技术的交流、结合。在这个阶段，企业、政府、院所依赖于如何调动社员的资源，如何充分利用合作社成员的能力，把重点放在如何整合。自主创新后，优化资源配置逐渐放弃了利润的原始状况。政府不会针对具体目标和项目，而是建立一个长期和全面的创新支持基金。同时，为了创新合作的利益，长期税收和减费政策正在实施。实验室正在围绕我们实现的众多目标开展工作，为金融、技术和员工提供相互支持，并分享彼此的技术知识和创新成果。同时，公司和实验室正在共同创新建立资源、平台和其他资源整合管理机制。政府解决了创新支持体系的漏洞，并试图完善创新体系。

三、区域创新主体协同的目标路径

（一）目标路径模型

区域创新的主要目标是专注于三个关键功能，即制度创新、技术创新、管理创新，通过整合人才、资金、技术和其他资源，创新产出。换句话说，通过形成有效的业务之间的协同效应，政府和其他机构，主动参与实体和实体之间的相互转换和合作途径可分为三个主要目标：产品创新、产业创新、环境创新。企业的核心功能是技术创新和管理创新，制度创新是政府的核心功能，产品的创新是基于工业创新企业的形成，并基于技术创新的基础上，管理创新和技术创新能力是产业创新形成的基础，政府对管理制度的改革创新是环境创新形成的先决条件。

三大目标的创新可以从两个角度来理解，从区域创新发展阶段来看，结合产品创新、产业创新、环境创新，提供坚实的基础条件；从创新过程来看，整合政府、企业、院所三大主体相互合作。在区域创新和升级阶段的早期，是由政府主导倡议，企业和院所发挥着重要作用。对接以创新为导向的环境与目标路径的关系，企业引领区域创新产业功能需求的成长阶段与产业创新领域相关，因此在成长阶段的区域创新将会涉及政府和院所的参与。而在创新合作的成熟期是产品创新的关键时期，因此这时提供技术支持的企业和院所起到主导作用，政府起到辅助作用。至此，产品创新和产业创新的两大目标形成了对接关系。

（二）产品创新导向路径

1. 需求拉动式产品创新

随着社会的发展，人们的需求也越来越高，为了满足这些需求并获得相应的利益，区域创新主体会进行专门的市场调查，分析其发展前景以及带来的利润大小。如果是可行的，主体会根据这个需求构思相应的产品功能，实现这个产品所需的科学技术和人才资源等。对于创造出的研究成果进行测试检验是否合格，然后广泛宣传推向市场。

在需求驱动型产品创新过程中，大多数企业具有一定的创新能力，可以完成部分产品开发，但也需要依靠相关的院所的创新能力才有可能实现产品创新，还取决于研究机构和公司之间在技术创新方面的合作。同时，产品创新是基于市场需求，还有两个辅助任务：产品创新前的市场分析和产品创新后的商业化。目前，企业管理创新功能往往起着重要的支撑作用。一方面，企业是最靠近市场的组织，具有很高的赢得市场需求的能力，并且能够准确地确定产品设计的方向。另一方面，公司在市场预测、细分、定位方面拥有丰富的经验，并且可以轻松实现业务。如果公司或机构开发的产品在经济和社会利益方面优越，政府将给予一定的优惠政策，以实现体制创新功能。

2. 技术推动式产品创新

以技术创新为核心并以产品创新为导向的方法是通过研究，开发和生产科学技术以及最终产品在市场上的开发来实现售后市场的过程。技术驱动的产品创新不是市场调查和分析的主题。由于创新和改进鼓励了新产品的出现，这种模式在大多数情况下与实验室创新法是一致的。但是，在院所开发新产品后，由于市场管理不足，他们将无法宣传产品。他们经常寻求具有丰富市场经验的公司的支持，共同完成创新产品的商业化，这将成为一个重要的创新机构。在企业管理创新援助的过程中，如果院所开发的产品在经济和社会利益上优越，政府将提供一定的优惠政策来实现制度创新功能。

（三）产业创新导向路径

由于社会发展的推动，生活需求的提高，创新的方法大致可以分为三类：一是引进吸收再创新，就是借鉴其他的创新方法并结合自己的情况完成再次创新的过程，一般发生在产业转移的阶段；二是集成创新，就是与其他创新方法相结合，一般发生在产业结合的阶段；三是原始创新，即在原有创新的基础之上再次创新，一般发生在产业突破自我的阶段，如表7-2所示。

表7-2 产业创新导向路径

路径	对应阶段	主导主体	参与主体
引进消化吸收再创新	承接产业转移	企业运用技术创新能力消化吸收再创新	院所辅助企业技术消化吸收、政府出台招商引资政策等
集成创新	促进产业集群	企业运用管理创新和技术创新能力集成创新	院所辅助企业技术集成、政府出台推动产业集群政策
原始创新	推动产业突破	企业运用技术创新能力原始创新	院所辅助企业自主创新、政府扶持产业升级改造和战略性新兴产业等

通过知识共享，建立区域创新体系，创建技术平台、商业联盟等，主体之间相互配合，形成竞争力、伙伴关系，共享人才、资本、技术等资源，创新过程中优化配置其他投入要素，在组织区域创新主体领先的创新领域和当地产业发生在承接产业交付阶段的其他领域时，企业将起到主导作用，充分展示技术创新能力，启动引进再创新的产业技术。同时，具有自身技术优势的研究机构将辅助企业对产业技术进行彻底消化吸收，而政府应制定招商引资优惠政策，为承接产业转移提供政策上便利。院所将支持企业的需求，在当地产业处于产业集群阶段的情况下，随着企业集团创造一个全面创新的产业，其内部的创新力量，产业集群创新分工与合作管理的动员利用创新能力来提高经济规模效益，研究机构、政府将共同支持企业完成产业创新的整合。如果区域产业集群已经规模化，可能需要增加研究经费以完成增加科研经费，开发新技术和促进新产业创造的必要技能。有必要打破需要改进的瓶颈工业升级，同时，与开发新技术的公司合作，振兴创新能力的基础技术优势，政府加大对产业升级和转型工作的支持力度，这是一项重要战略，必须得到新兴产业的支持。

（四）环境创新导向路径

区域创新过程中的环境创新分为两种：一种是硬环境创新，其中包括基础设施环境和资源环境；另一种是软环境创新，其中包括政策制度环境和社会文化环境。两种创新环境相互结合共同促进区域创新的工作效率。

1. 软环境创新

软环境创新是基于政府体制的创新功能和完成区域性法规、体系和文化的过程，与政府、企业和机构的管理创新功能相辅相成。政府将创造区域创新环境，有效激发区域创新活力，制定相关政策法规，建立健全科学有效的招聘培养机制，尊重和追求创新，尊重竞争。公司、事业单位根据政府规定和实际情况，制定适合独特创新发展的管理制度，最终形成政府、企业和事业单位创建的区域创新软件环境体系。

2. 硬环境创新

硬环境创新是以政府主导的地区和环境建设过程为基础，主动发挥行政体制的创新作用，充分保障人员和固定数量的基础设施建设，提供技术创新支持。例如，为加快研发基础设施建设，政府应为主导产业提供创新服务，推动资源共享基础设施建设，支持整合创新资源的研发基地。建立科技专家数据库、科技成果数据库、专利数据库、自然科技资源数据库、技术标准数据库等基础数据库，为企事业单位提供公共服务，加速创新、改革建设。政府利用大学科技园、企业孵化器、生产力提升中心和技术产权交易机构建立连接技术和市场的变革基础。本节主要介绍区域创新组织的合作路径。对于组织的路径，区域创新实体合作可以采取实体组织联盟和虚拟组织联盟的形式，进一步细化实体组织联盟，推动合作研究机构建设，促进项目合作。在合作过程中我们体验三个阶段：松散创新联盟，紧密合作创新联盟，全面合作创新联盟。在这一过程中，区域创新合作伙伴经历了五个阶段：联系/沟通，竞争/冲突，合作，整合，协同。就目标路径而言，区域创新实体形成了三个主要目标路径：产品创新导向、产业创新导向和环境创新导向。

第五节　区域创新主体协同机制

一、区域创新主体协同的动力机制

（一）内部动力因素

1. 利益驱动力

公司和院所着眼于增加经济效益而政府着眼于实现社会效益，但除非个人利润得到满足，否则联合创新将不会进行。利润作为企业的主要目标，由于协同创新超出了对现有企业市场利润的期望以及获取市场，我们将加快协同创新行动的业务。协同创新加速产业创新，院所将商业技术成果推向主要兴趣目标协同创新扩大区域经济规模并提高区域经济的质量和速度，推动当地社区发展并加强政府裁决的支持性协作。党主要关注的目标，是政府的区域经济和社会发展，政府定位协作创新、制度激励以提高党的利益。在企业、事业单位、政府创新、创新企业联合进程中利用科研院所获得新的市场效益，机构将会配合更多的需求，市场经验，获得一线市场的需求信息，使用技术产品开发推动技术成果商品化，可以与企业合作，利用政府资金、机构和政策鼓励企业创新行为，指导企业产生创新。企业、科研院所反过来会促进原区域经济社会发展、产业化创新。公司、金融机构、政府官员可以从协同创新过程的角度来获取他们的利益需求，但也会影响驱动分配过程的利润程度，公平分配协作创新将是企业、政府和机构的合作的基础。

2. 功能势差力

在接受了一系列区域创新环节后，推动了机构、人才、技术、资金投入以及技术创新、管理创新、制度创新、产品创新、产业创新、环境创新和企业、政府等各方面的发挥、改变。如果主要功能层次之间的差距小，则三方合作空间小，缺乏合作力量；相反，在一定范围内，相互配合，层次主要功能较大，则合作的动力强大。因此，共同创新的可能性在两者之间存在差距，主体之间的功能潜力越大，区域创新合作伙伴就越有动力进行合作。基于技术创新和管理创新，企业、政府、研究机构的核心职能有偏差，有利于创新和应用技术的发展。管理创新偏向于有利于其核心职能、管理、技术核心方面，政府职能主要偏向于进行宏观经济政策调控；院所的创新以技术创新为主，且偏向于有利于实验研究基地。在创新的协作过程中，企业、政府、院所各自具有所擅长功能方面的专业区域，三个主体通过这种方式最大限度地发挥三者的效率功能，相互促进、创新，进而实现利益的最大化。

3. 资源互补力

我们需要广泛的人力资源、财力、金融资源，来对产品创新，产业创新，环境创新，此外还需要管理技能、技术能力、制度能力等来辅助，单靠个人的能力难以整合区域创新，必须走资源整合的道路。公司是最接近市场的主体，它们拥有丰富的市场资源，在商业技术开发方面具有一定的优势，基础研究和应用开发能力强，以及具有培养人才的能力。政府可以提供充足的财政支持和宏观调控政策，并辅以财政和行政措施。在区域创新体系中，企业、政府和事业单位交换重要资源，即信息资源、技术资源、资金资源、市场资源等形成政府、行业、科研资源的协调网络，并享受其他利益提高区域创新体系的整体效率，促进有效的资源配置。

（二）外部动力因素

1. 市场需求力

市场创新是区域创新合作伙伴必须面对的挑战，也是区域创新成果的商业化目标，并保证区域创新主体将获得经济利益。如果主体的方向不能满足技术创新和市场的共同需求，我们会因资金不足而逐步停止，永远不会获得经济保障。同时，随着对同一细分市场的需求越来越个性化，当今的市场需求依赖于质量和服务更多元化的类别，过去对市场和区域创新机构的强劲需求，意味着很难满足需求的市场份额，这是间接促进区域创新组织合作促进公司合作机会扩大的动力之一。机构有创新能力，但在许多情况下无法准确把握。由于机构，最接近企业市场，掌握市场上的直接信息，但不能创造出新产品，缺乏有效的技术开发力量，不能满足市场的新要求，直接导致了产品商业化失败。在面对日益变化的市场需求的企事业单位合作开发创新产品的情况下，作为市场的宏观调控，政府不直接参与市场，而是通过政策监管等行政手段，避免产能过剩，满足市场需求，指导企业和研究机构合理工业化。

2. 竞争压迫力

随着科技的发展，社会竞争力越来越强，如果想要站稳脚跟就必须寻求和其他主体的合作，共享科技、人才和资金等资源建立以科学技术聚合、突破创新为目的的工业园区。像硅谷、班加罗尔等地方就成功建立了创新型的科技园区，于是激励着世界各地纷纷崛起去迎接全球市场的激烈竞争。为了取得胜利，企业、政府和院所相互协作共同抵抗外部的压力，在竞争中相互支持共同努力挑战不可能的任务。在创新主体协同过程中，逐渐加深彼此的合作，在已有经验的基础之上将我们的科研推向一个更高水平，也在一定程度上提高各主体之间的竞争实力。

3. 环境推动力

创新环境一般分为软创新环境和硬创新环境，良好的硬创新环境可以为创新主体提供技术平台、数据库资源、科研机构等基础资源环境，而良好的软创新环境可以为创新主体提供有效的管理政策、法律支持、文化方向等关键资源环境。在这种良好的创新环境下会激发主体创新的动力，也会使主体之间的合作越来越默契，取得更高的成果。

（三）动力机制构建

区域创新体系，通过主体性、复杂的开放体系、原始要素、内部资源和主要创新的结合，受内外力量的协同驱动，互助合作博弈，其容量、信息达到了最终调整和整合的格局。从动力角度来看，促成政府、企业和院所三方相互合作的主要契机来自对自身需求的满足，以及应对社会中激烈的竞争力，企业、政府、科研院所的内部能力，资源和外部需求，竞争及环境诱导等主要形成和发展方向上符合当地内部创新协同效应的利益。利益、能力和资源共同追求与主要合作方的合作，这是合作产生的重要动力来源，它是一个重要的外部动力。在创新过程中，我们应妥善处理好内外动力的关系，更高效地进行创新活动。而为了维持这种关系建立了相应的机制，主要包含三方面：一是建立聚力机制，有效地将主体进行结合；二是借力机制，主体之间相互分享；三是建立避力机制，避免外部的阻力。

1. 聚力机制

虽然区域创新、代理合作有很多刺激因素，但如何整合内外部力量是区域创新发展的难点。从各区域创新实体功能定位的角度来看，地方环境创新实体的三种内部协同效应，功能潜力差异和区域创新实体偏向微观环境，两大问题的关系相对较大，三个市场驱动因素竞争加剧，环境促进因素偏向宏观环境，与政府的关系更加强硬，合理引领宏观需求，准确评估区域竞争态势，推动所在区域基础设施和创新文化建设，为区域创新主体协同发展奠定外部动力基础。同时，公司和实验室正在寻找潜在的创新产品和项目，充分利用各自核心的优势和能力，为整合各自的资源、利益、功能等共同努力。

2. 借力机制

对于区域创新实践的发展，一些创新型企业存在盲目创新，但根本原因是由于内部因素和外部因素不合理等造成的。一些地方政府正在创新，创造一个良好的创新环境，使本地公司和机构合理使用功能潜力和补充资源，以实现一个前景光明的联合创新项目，但这些项目却很难完成，在协同合作过程中，区域创新者可以利用资源的互补性来弥补企业与实验室之间的功能潜在差异，政府创造的环境驱动力将会发挥作用。当这些主体没有起到作用时可以借用利润驱动力和市场需求力来指导企业和实验室的合作。

3. 避力机制

在区域创新发展的实践过程中，有两种比较典型的创新现象：首先，科学研究部门由于缺乏市场调查，导致了大量的科技成果不能被市场所利用；其次，企业与学校、科研机构之间没有相互的信任，导致技术知识不能在二者之间相互传播，对区域间的创新合作是一种不利的阻碍效应，其中第一个是技术应用阻力，后者是技术交流阻力。区域创新联盟的引入将最大限度地避免上述两个障碍，并提供各种动态支持。

二、区域创新主体协同的运行机制

区域创新组织的合作是系统运行的一个非常复杂的过程。其经营环境属于全部区域创新体系。除区域创新机构外，还与区域创新贡献、区域创新发布和区域创新投入／产出相关。一般而言，区域创新组织的合作将包括四个主要的运行系统：在组织自身协调层面，监督实体转型的主导机制；在主观联合投入层面，有必要对影响因素进行整合的机制进行监测；在主观团队合作的层面上，有必要监督生产的外向型机制；在主体的输入和输出层面，有必要监控环路反馈机制。

1. 要素整合机制

这个想法是要素整合处理所有区域创新系统等通过耦合元件区域创新系统由主体发起交互和穿透元件的连接系统，形成了合理的相关结构，然后达到最大的系统功能和效率的变化：在区域创新组织的合作过程中整合的因素主要集中在相关的资源和企业，政府和机构的需求，以及用于挖掘、兼并和转换物体之间的优化配置闲置资源或资源的转让使用合同的做法。重新组织，在区域创新合作伙伴协调中引入创新要素，动态调控，相互补充和相互作用，以确保聚合启动的整体效果。从联合战略的角度来看，阶段一体化是区域创新主体与资源优化配置的共同决策。这是基于协调目标和主体需求的二次资源分配，以争取尽可能低的资源和最大限度地提高团队合作效率。区域创新组织之间的合作需要同步整合创新要素。缺乏资源或冗余将影响主体的工作。总的来说，区域创新结构过程中要素的整合可以分为纵向一体化和横向一体化两大类，主要是区域创新体的投入要素与内容要素的整合。

创新要素的垂直整合通常是指同时优化，并从不同的子系统创新，从基金会和输入子系统得到相关的技术，控制系统和子系统创新内容的技术补充，相辅相成。纵向要素与区域创新组织的合作主要基于创新投入要素和创新内容要素的结合。人才和资本创新的投入要素可以从三大主体企业、政府和院所中去择优选择，也可以从三个主要企业的管理和制度创新的内容中选择。技术投入要素和技术创新要素可以从企业、院所的两个主体中选择，从而获得创新投入和管理的人才、资金、技术子系统。

打个比方说，当互相协调地创造和开发产品时，需要区域创新主体准备充足的资源，并且具备优秀的创新能力。首要的是需要拥有企业管理能力、院校技术能力、政府制度能力。其次可以整合具有企业人才、院校技术、政府资金的创新投入资源。从而在区域创新主体协同过程中共同形成纵向要素的整合。

区域创新主体在企业、政府、院所中某一具体要素上的相互拓展、优势互补，例如人才、技术、资金、管理、制度这些要素。这是创新要素横向整合的主要体现。对应着来说，在院所、企业、政府这三个主体中能够选择出资金、制度、人才管理这些内容和要素，但是技术这一方面的要素和内容，却仅可以在院所、企业中选择。譬如在资金上，在院所创新成果的这一过程中，需要利用自身的资金来保证日常的创新开支，也可以在开发前和推广时，分别利用具有财政资金支持的政府和拥有商业支持的企业。

2. 主体之间的转换机制

政府、企业和院所这三个主体，在区域主体协同中拥有不一样的行为性质，这也决定了它们具有不同的功能属性。技术创新核心功能三者都拥有，只有企业具备管理创新的核心功能，政府和院所具备管理创新的辅助功能，企业和院所具备制度创新的辅助功能。

三者功能的属性存在差异，使它们在区域创新主体协同上，扮演不同的角色，起到不同的作用。依据生命周期理论，随着区域的创新发展产生初创、成长、成熟、升级或衰退这四个阶段，在这四个阶段中，企业、政府、院所这三者缺一不可，只有三者合作才可完成。这三者在这四个阶段中，会发挥不同的作用，重要程度也会发生变化。主体可分为主导协同主体和参与协同主体，区域创新主体之间的协同方式划分为单主体主导型及双主体主导型。

占据主要且引导地位的主体在区域创新主体的初创阶段和成熟阶段都存在。

大致上发挥区域创新主体之间的协同效果由其功能发挥的好坏决定。而占区域创新主导地位的主体，主要是由区域创新阶段的功能需求和区域创新主体所能发挥的核心功能所决定。区域创新在要素凝聚、产业主导、创新驱动、机制改革这一系列过程中，它各个阶段的功能需求是不断变化的，这就需要区域创新主体协同也不断变化。而发挥作用的关键是区域创新中占主导地位的主体，所以要想达到区域创新发展可持续化，只能随着阶段的变化来变换协同中的主体。

根据前文区域创新分为初创阶段、成长阶段、成熟阶段和升级阶段。政府在区域创新的初级阶段以及升级阶段作为主导主体，而企业、院所作为参与主体；当区域创新处于成长阶段时，转变为以企业为主导主体，政府、院所为参与主体的局面；在成熟阶段，转化为院所、企业占主导地位的主体，政府为参与主体的局面。由此才可以达到各个阶段的协同局面。

3. 产出导向机制

区域创新竞争力的提高和区域经济的可持续发展是区域创新的根本目的。为了更好地使创业产出效果更具体、更有效，并且为区域创新的发展奠定良好基础，要求在协同的过程中企业、政府、院所遵循以产出为导向的运行机制。在本章已经提出了三大目标路径，分别是产品创新、产业创新、环境创新。区域创新主体围绕这三大目标路径，可以根据其制定具有创新内容和创新投入的产出导向机制。

当企业在创新投入上以三大目标路径为导向时，为了更好地吸收具有创新能力的人才，应当创造良好的工作环境，为其提供优厚的福利待遇。为提高企业技术创新水平，企业可以利用每年按一定比例分配的利润资金，也可以利用技术专利；政府应从区域外引进技术，在安居、奖励等方面对创新型人才实施优惠，并进行创新方面的基金扶持和奖励。院所应肩负起培养人才的重任，为更好地吸引人才，积极创造良好的科研环境，提供优越的技术平台和良好的待遇，同时积极筹备科研费用，不断地吸收国外优良的技术，并且不断地研发具备知识产权的新技术。如表7-3所示。

表7-3　在产出导向机制下创新的投入

	企业	政府	院所
人才	良好工作环境吸引人才 高福利待遇吸引人才	完善人才安居政策设立人才创新奖励政策	高福利吸引人才高素质培养人才
资金	持续充足的科研投入	设立产品创新奖励	持续筹集项目经费

续表

	企业	政府	院所
技术	购买技术专利	加大引进技术力度	消化吸收外来技术开拓具有知识产权的新技术

在创新的内容方面，当以产业、环境、产品三个大方面的创新为指导方向时，企业需要在组织框架中建立拥有重要职能地位的技术研发部门，制度上运用更灵活的方法，减弱局限性并且更好地激励创新，在管理方面让员工们拥有更多的自主权利，创造良好的创新环境；政府需要在区域内推崇创新的价值观和文化，并且鼓励创新，让人们不畏惧创新失败；院所需要鼓励企业用技术类别分部门，提倡企业技术方面的创新，以此促进技术的发展。鼓励企业在管理上建立项目团队，并让每个团队负责任，在制度上鼓励技术的入股，从而获得技术得来的效益分红等，如表7-4所示。

表7-4 产出导向机制下的创新内容

	企业	政府	院所
技术创新	设立技术研发部门	—	按技术类别设立部门
管理创新	营造创新工作氛围	营造创新文化	实行项目团队负责制
制度创新	灵活制定企业规章	制定扶持创新的优惠政策	推动技术入股、分红

4. 循环反馈机制

区域创新主体相互协同的循环反馈机制包括两方面的意思，第一个方面是指反馈，是指区域创新主体协同产出的结果对投入产出的作用；第二个方面是指循环，也指区域创新主体协同产出和投入共同形成了一种循环反馈机制，形象地来说是一种环形回路，也就是与开路或开环相对而言的闭环或闭路。

反馈包括正反馈和负反馈，正反馈具有产生使协同加强的特征，即对于区域在人才、资金和技术上创新的投入将由三大目标路径的成功实施来促进；负反馈拥有使协同产生弱化的特征，与正反馈正好相反，它将使区域在人才、资金和技术上的创新投入减少。正反馈有利于良性循环地进行，使反馈回路的不良现象减少，并使区域创新主体的协同更加顺利地进行；否则负反馈会产生恶性的循环，使反馈回路更加快速地恶化，从而增加区域创新主体协同的障碍。

循环必然会产生良性和恶性两种循环，从输入和输出上会发现，良性的循环是区域创新输出产业、产品、环境并且达到预期的目标，获得了经济和社会效益，并且在资金、人才、技术上出现盈余，实现资金的积累，为区域创新的输入，为区域创新产生新一次主体协同回路，和以后不断地积累和转换，创造了有利条件。相反，恶性循环是指区域创新中输出的环境、产品、产业没有达到预期的目标，出现输入多但输出少的现象，并且没有实现资金、人才和技术上的积累，所以不能不断地输入区域创新，使区域创新主体间的协同运作不顺畅，如此反复最终导致区域创新主体协同瓦解。

三、区域创新主体协同的管理机制

1. 分工协调机制

分工协调伴随着区域创新主体协同的整个过程，按行为发生的顺序，可将分工协调分为选择、分工和协调三个过程。选择是区域创新主体协同的前提条件，良好的选择机制对于区域创新主体协同来说是不可缺少的；分工是区域创新主体协同的基础条件，它对优化区域创新体系资源的配置有益处；协调可以修正区域创新主体的协同活动，它对区域创新主体向创新目标迈进具有促进作用。

创新主体之间优势的互相补充，功能的相互融合是选择机制的原则所在，这一原则为区域创新主体之间的综合利益做了考虑，为协同主体的规则和程序做了科学而准确的规划。当协同主体的对象为企业时，主要顾及企业的四个能力：市场营销、研发、资源和核心方面的能力，还要求企业协同创新的意愿，并了解其财务状况、诚信和企业文化；当协同主体的对象为院所时，主要顾及院所在技术上的特征，科技上占优势的资源，拥有的科研成果，科技创新团队及其研发现状，产学研联盟的科研效果、科研经历和其技术上的支持程度等；在协同主体的对象为政府时，主要顾及在创新人才政策、创新基金及奖励等方面，政府对创新活动的支持意愿和强度。

分工机制是指按权利与义务相互统一的原则，科学合理地对区域创新主体的各方面进行规划。企业、政府和院所具有的核心功能不同，企业的核心是技术和管理创新功能，院所的核心是技术创新功能，政府的核心是制度创新功能，所以它们三者应该互相配合，充分利用。运用企业透彻地观察市场的能力，使协同技术成果实现商业价值，并且运用院所的研究信息和具有前瞻性的研究动态，为创新成果的提高和协同创新时间的缩短提供良好的基础，同时政府应该在协同创新上进行宏观指导和调控，运用财政进行支撑。

协调机制为搞好主体间的协同规划，利用比较少的协调费用来保障主体间协同高效运行，使主体各方面的工作进度和方式、责任、权力、利益得到协调，使主体各方面的文化更好地整合，找寻多方面最好的契合点，探索到使区域创新主体间协同经营效率提高的方法。区域创新主体间的协调机制可以具体地从四方面开展：第一方面是，创建信息定期披露的制度，使区域创新的相关信息及时准确地披露，使主体间信任感加强；第二方面是，使创新主体间的协同运行效率提高；第三方面是，制定共同参与调整和规划协同的制度，让协同战略的建立与调整规划具有客观性与科学性；第四方面是，为更好地规范主体和其全体员工的行为，建立良好的鼓励与约束机制。

2. 利益分配机制

区域创新主体在协同中，由于各方不同的投入，创新收益理所应当不同，所以创新产出中的产品、产业和环境的价值必须要进行衡量，各个主体间创新产出的贡献也要进行判断，同时要利用相对应的利益分配机制来创立主体间的分配机制。

区域创新主体在协同实践时，主要用固定报酬、利益共享和混合支付这三种模式来分配利益。第一种模式是企业、政府和院所事先约定好用合作总收益支付固定的报酬，并且承担创新任务和风险。处于固定报酬的模式，不仅能够一次性付清，还能够分期付清。第二种模式是企业、政府和院所按一定的比例在合作的总收益中取得自己应该取得的收益。这种分配模式还可以细分为通过产值利润、产值和销售额提成分配。混合支付模式是指区域创新转让合同的受让方和受让方之间的支付模式，前者先支付一定的入门费给后者，然后再用提成支付的方式支付给后者。混合支付模式实际上是利益共享模式和固定报酬模式的结合，它先让合同的受让方交一定金额的入门费，一些合作方能从区域创新主体协同的总收益中得到固定报酬并且取得分成，这一模式拥有很强的实用性，一些合作方通过其可以把政府、企业和院所的利益交织在一起，并且使固定报酬模式的资金压力得以避免。

　　区域创新各个主体利用它们的管理、技术、制度创新的能力，共同创造出一定的成果，这些区域创新的成果，通过市场认同实现价值创造转换成生产力。但是最后的产出利益不仅仅指直接的经济价值，还指众多无形资产：管理的经验、品牌的商标、市场的占有率、创新型人才、创新性文化等。利益共享模式、固定报酬模式和混合支付模式是经常用到的利益支付模式，尽管这三种混合支付方式在一定程度上保障了各方利益的公平分配，但因为知识的量化是十分复杂的问题，所以为了让利益分配机制更加完善，可以利用专利、版权、股权、期权等收益分配方式。

3. 资源共享机制

　　资源的有效配置可以有效地推动经济和社会的发展，其中有效地对区域创新资源进行配置可以有力地推动区域创新的发展，实现区域创新资源高效配置，运用资源整合和共享机制是必不可少的。区域创新资源整合和共享机制有效地运用了市场对资源配置的作用，让主体有意识地设计与培养创新机制和环境，更加高效率地整合区域内不同的创新资源，还利用系统性的创新力量来提高创新的效果。共享和整合是指共同完善和补充，和兼并或合并不一样，它不但可以充分利用创新主体的自有资源，而且可以相互补充各方的资源，最终实现区域创新主体的共赢，并且产生更强大的创新力量，使合作高效、资源共享。创新的人力、财力、信息和物力资源这四大部分是区域创新资源整合的客体。居于中心地位的是创新人力资源要素，因为其最具有创造性和能动性；创新财力资源要素在创新活动中是不可缺少的资源要素，并可以为其提供财力方面的支持；为创新人力资源要素提供具备知识形态的信息资源的是创新信息资源，进而支撑创新活动的顺利进行。创新物力资源要素提供科研所需的物质资源，给创新活动提供硬件基础。市场经济制度在我国不断完善，需要政府指导区域创新资源的整合与共享，也必须在市场经济规律下不断调整市场。区域创新资源的整合与共享过程中会形成自组织机制，但必须在有效的文化与制度引导规范下这种自组织机制才能不断完善发展，否则在创新活动外部性的特征下，会产生市场失灵的现象；政府相关政策有利于创新活动的有序进行，并对其起到了规范、引导作用，有效的政策供给对创新活动的发展方向起到了决定性的作用，要为创新活动创造良好的环境，并在行为方式和价值观等方面规范和引导创新人力资源要素,这有利于创新活动的顺利进行。相关政策是在指导创新资源整合与分享过程中不断发展完善的,并且共享文化和社会合作会起引导作用,潜移默化地影响创新资源的整合与共享。

4. 风险控制机制

采取风险管理是克服创新主体间协同的高风险和高难度的关键之一,从而使合作达到预定目标。风险管理是以最少成本获得最大安全保障的一种创新管理活动。它指主体利用识别、评估风险的方法,通过合适的技术和经济手段对风险所致的损失后果进行稳当的处理并对风险有效控制。风险管理的目标主要有三个主要过程,包括风险识别、风险评估和风险控制。它的主要目标是用最小的成本取得最大的安全保障。

风险识别是整个风险管理工作的基础和首要环节,指区域创新主体在协同过程中系统地、连续地认识、辨别和归类即将面对并且客观存在的各种风险关系的过程。区域创新主体协同的风险既有可能是由于有限的主体功能和主体间复杂的协同关系,又可能是因为不确定的外部环境。内部风险在不同阶段特点不相同,在协同沟通/接触阶段主要包括工作伙伴选择错误的风险、机会识别错误的风险和沟通协调的风险等;主体的退出和投入资源的风险是协同竞争阶段的主要风险;时间、质量和合作选择错误模式的风险是协同合作阶段的主要风险;知识共享和文化相融合的风险是整合阶段的主要风险;利益分配和技术转移的风险是协同阶段的主要风险。政策、经济、自然、市场、社会文化和法律环境的风险是外部的主要风险。

区域创新主体的各个主体对风险估计评价的结合过程,以及量化并分析风险事件带来损失的可能性的过程便是风险评估。风险评估有两种基本的方法:第一种是在绝对的风险评估的前提下找到风险不能控程度的变异方法,其不能控程度、发生概率、可能造成的损失这三个的乘积等同于风险;另一种是发生概率与可能造成的损失之乘积等同于风险的绝对风险评估方法。

风险控制是防止风险发生的过程,是区域创新主体在协同过程中面对风险评估与风险识别后的风险所采取的相应手段。区域创新主体协同是一种具有探索性和创造性,并且有关技术经济的活动,所以风险是不可避免的,那么政府、企业和院所需要主动并且及时地应对风险、规避风险。这就要求树立风险共担的风险意识,还要树立风险与利益对等的观念,同时企业、政府、院所应运用建立和利用正式的契约、质量标准、管理制度和知识产权安排等方式,正式地运用制度规范或安排主体间的创新风险、创新收益、创新投入等。利用这种方式能够加强主体参与创新的利益激励,提高其机会主义行为的实施成本。另外,企业、政府和院所还应建立正式风险控制机制。

第八章　工业绿色转型升级的理论

第一节　产业转型升级理论

绿色发展是实现产业转型升级的新动力来源。当今世界，人们对生态、安全、健康和美好生活的绿色需求已经成为一种趋势，理论界对此做了较多研究。当前，我国经济正由高速增长阶段向高质量发展阶段转变，工业绿色转型升级是实现高质量发展的必然选择。认真梳理工业绿色转型升级的相关理论，对我国绿色发展将会起到一定指导作用。

"我国经济已由高速增长阶段转向高质量发展阶段，正处在转变发展方式、优化经济结构、转换增长动力的攻关期，建设现代化经济体系是跨越关口的迫切要求和我国发展的战略目标。"建设现代化经济体系的核心是建设现代化产业体系，而建设现代化产业体系的关键在于加快产业转型升级步伐。随着我国进入高质量发展阶段，加快产业转型升级已经成为共识，但对产业转型升级的概念、内涵和类型的认识还存在差异。

产业转型和产业升级的概念方面，产业转型升级认识不一致容易引发政策上的摇摆和不一致，给我国产业转型升级带来一系列风险和挑战。产业转型和产业升级含义相近，又各有侧重。产业转型主要是指随着比较优势和要素禀赋结构的动态转换，一国或地区产业从一种类型转变为另一种类型，主要包括行业结构转型、要素结构转型、贸易结构转型和发展方式转型四种类型。而产业升级是指在科技创新和制度创新的双重驱动下，一国或地区产业沿着全球价值链不断从低端向中高端攀升，从低附加值、低技术含量的生产加工环节向高附加值、高技术含量的研发、设计、标准、专利、品牌、营销、服务、关键零部件等环节转变。

关于产业转型升级的内涵，经梳理，目前有四种比较具有代表性的观点：第一种观点从产业结构演进的角度分析。产业转型升级就是产业结构的合理化和高度化，提出了采用三次产业在国民经济中所占比重、制造业与服务业的相对比重、战略性新兴产业与传统制造业的相对比重等作为评价产业转型升级的标准。第二种观点从产业要素密集度变化的角度分析。"产业结构内生于要素禀赋结构，且随着要素禀赋结构的升级而升级"，把产业转型升级视为资本和技术密集型产业逐步取代劳动密集型产业的过程，进而把资本和技术密集型产业比重提高作为评价产业转型升级的标准。第三种观点从产业进出口结构变化的角度分析。产业转型升级就是贸易结构从加工贸易为主转变为一般贸易为主，从服务外包为主转变为逆向外包为主，从原材料和一般制成品出口为主转变为高新技术产业出口为主，进而把出口中一般贸易比重或高新技术产业比重等作为评价产业转型升级的标准。第四种观点从全球价值链的角度分析。产业转型升级就是国家、地区或企业从全球价值链中低端环节向中高端环节攀升，从代工、贴牌为主转变为自主研发设计和自主品牌为主，把提高产业技术含量和附加价值，进而把产业在全球价值链中的分工地位和出口产品的技术含量等作为评价产业转型升级的标准。

还有部分学者提出基于对传统产业链进行创新从而实现升级，以宁波市传统制造业为例，探讨基于价值链的创新对传统转型升级，提出产业升级是运用先进的技术或管理手段改造传统产业。高新技术产业具有外部溢出效应，对传统产业具有反哺刺激作用。因此传统产业需要与高新技术产业对接融合。在产业转型的过程中，要全方位导入产业融合的理念和方式，加快信息化和工业化深度融合。文中提出以"互联网+"实现产业转型升级，利用互联网平台效应深度整合传统的产业链、技术链、服务链，从产品形态、销售渠道、服务方式等方面打破传统业态的边界；将电子商务、云服务、大数据等新兴网络服务嵌入制造企业的生产经营管理全过程。

产业转型包括宏观产业转型和微观产业转型。宏观产业转型是指一个国家或地区在一定时期内，由于国际和国内经济、科学技术的发展，该国家或地区通过一系列相关的产业、财政、金融等政策措施，对现存产业结构的各方面进行的调整。也就是说，宏观产业转型是指在构成一国或地区的国民经济成分中，产业结构、产业规模、产业组织、产业技术等发生显著动态变动的过程。从宏观角度说，产业转型是一个包括产业结构、产业规模、产业组织、产业技术等多方面的综合性过程。微观产业转型是指随着各个产业的不断演化发展，资源禀赋如劳动力和资本等从落后性产业逐渐向先进性产业转移的动态过程。

产业转型理论有丰富的内涵，归纳起来可以从产业结构升级、企业升级和产业集群三个层次来考察。从经济结构的发展变动来看，产业结构升级具有两方面的含义：一方面，一个国家或地区在经济发展中三次产业部门之间变动所体现出来的类似趋势，即各产业部门之间相对比例的变动；另一方面是工业部门结构的不断演变，工业部门结构演变是指工业结构从低级向高级的演进过程，是工业部门内部从低附加值结构向高附加值结构进化的过程，这个过程也称为工业结构的高度化。企业升级是指企业为了提高生产经营效率，实现其收益最大化，进而提高其竞争能力而进行的提高生产技术能力和转变生产经营模式及增加产业链价值等活动过程。企业升级是产业升级的微观层面和产业升级的首要层面，企业在市场经济环境下积极进取、努力创新，以获得高附加值、高收益、高效用。以企业为考察视角进行产业升级分析，具有很强的实际意义，这将从微观层面上探讨和回答"产业升级怎么做"的问题。这不仅为区域产业升级提供微观基础，而且是产业理论新的研究方向。集群，顾名思义，是有类似或相同特征的事物在某一地区或区域集中从而形成的群落。产业集群，是指在一个特定的区域内，由于内在的联系以及分工与合作的企业或企业集团,通过相互连接的网络之间的空间形成产业内的企业集中。产业集群代表跨市场空间的经济组织形式。产业集群有三方面的含义:一是与某一产业领域相关,即产业集群是某一产业内的不同企业在某一区域集中出现而形成的产业群落,该群落内的企业都与某一产业领域相关,这些企业的集聚促成了产业集群的形成。二是产业集群是一个相互关联的复杂空间的有机聚集,产业集群不仅包括联营公司,还包括关联企业、金融机构、行业协会和中介组织联合会,这些产业的实体是产业集群的构成部分。三是产业集群是一个相互联系的网络,产业集群内的企业之间的关系是复杂和相互关联的,每个企业都是产业集群的网络节点,企业是形成产业集群的关键节点。研究产业集群的传统流派众多,新产业空间学派主要关注企业与相关机构整体层面的联系特点以及由此带来的交易费用降低。新的工业区位理论的研究重点是产业发展与本地社会网络和文化紧密结合的特点以及由此产生的外部性。创新系统研究主要是考虑到系统性创新以及创新的网络环境和制度环境的关系,但其根本是对集群企业的特点和机制的全面论述。以集群特征为目标的区域产业转型升级跳出了就企业论产业的束缚,升级意味着区域产业对集群特征的目标设定以及集群作用的追求,并指出通过相关主体的相互作用来推动地方产业转型升级的可能性。

第二节　产业绿色全产业链理论

全产业链的本质是从产品全生命周期角度来思考企业行为。但在绿色发展的框架下,全产业链的概念缺乏考虑企业生命周期之外的消费与回收再利用行为,而绿色全产业链是贯穿于消费与回收再利用行为的全产业链。"绿色全产业链"是围绕产品和服务,在设计、研发、采购、制造、物流配送、销售、服务、消费以及产品使用和回收再利用等一系列环节践行低碳环保运作所形成的链条。

绿色全产业链是将低碳经济和循环经济的理念嵌入全产业链各环节中,从全产业链的宏观视角来考察节能减排、环境保护、可持续发展等低碳经济发展的核心问题。然而,不少地方政府、企业对低碳环保的认识仅停留在绿色产品、清洁能源层面,失之于从全产业链,即从设计、研发、采购、制造、消费、回收一系列环节考虑绿色环保问题,失之于在全社会践行低碳环保运作。绿色全产业链这一概念应该包含以下三方面的内容。首先,它将产品的消费、使用后的回收再利用向原有的产业链扩展。这样,将利害相关者的范围扩展到消费者、社会公众,而不仅限于生产制造系统。其次,这一概念强调产业链的每一个环节或若干环节,甚至全产业链都践行低碳环保运作。绿色全产业链在于产业链各个主体的行动一致性,以及各个主体之间的相互依赖和互惠性。由于产业链内部是互惠的,各环节会一起承担全产业链的绿色环保责任,比如在产品设计环节就考虑低碳环保。最后,从方法论的角度看,绿色全产业链实际上是包括循环经济、低碳运作、社会责任、生态环境等一系列理论的整合，是一个整合的理论视角。

针对绿色全产业链，又提出了 5R 模型，以描述绿色全产业链的内涵特征。分别是：

① Reducing（减量化）。主要包括减少资源能耗、减少污染、减少排放，它是低碳运作最基础的方式。

② Reusing（再利用）。尽可能用多种方式或者多次使用物品，以防止物品过早地成为垃圾。

③ Recycling（再循环）。把废弃物进行处理，作为原材料融入新产品生产中。

④ Renewing（创新性）。不断进行绿色研发，用环保材料、环保产品替代原来的材料、产品。

⑤ Reengineering（流程再造）。立足低碳环保重新思考、重新设计、改进现有流程，去掉不合理流程环节，提升流程效率。

企业是产业链的基础。实现绿色全产业链的产业升级，从企业的角度来讲主要包括整合产业链、绿色创新、低碳运作、循环经济等内容。绿色全产业链首先改变了传统经济的"资源—产品—废物"的产业链模式，形成了"资源—产品—再生资源（回收）"的循环经济的产业模式，将产品的终端也包括进产业链体系，通过产业链的交叉、耦合，不断地延伸绿色产业链。通过绿色全产业链的升级，提高行业标准，增强企业和产业竞争力。绿色创新分为绿色产品创新、绿色流程创新和绿色管理创新。绿色产品创新和绿色流程创新与企业的竞争优势正相关。绿色核心能力，即关于绿色创新和环境管理的集体学习和能力，能正面影响企业绿色产品和绿色流程的创新能力，也能改善企业的绿色形象和竞争力。低碳产业链就是在产业链涉及的所有环节推行低碳运行，从研发到制造，从包装到运输，从产品到服务，都以严格的低碳标准作为衡量尺度，推出真正的低碳产品，满足消费者的低碳消费需求，形成产业链整体的绿色竞争力。低碳经济可以推动产业结构的调整，促进产业结构的优化。

社会公众对于绿色产业链的影响来源于环保意识。目前我国公众存在消费的环境意识淡薄与对企业环保行为不满的特征。在企业不断发生的各类环境污染事件中，来自新闻媒体、环保团体等的压力将迫使企业必须负担起自己的社会责任，以改变形象。同时消费者也通过消费来构成对企业的绿色升级压力。

政府不仅是推动产业绿色升级的一个重要动力来源，而且也应成为推动产业绿色发展的服务平台。环保规章制度的建立构成了企业绿色转型升级的制度压力，数据显示相当一部分企业绩效受到环保规制的负向影响。因此政府在制定环保标准的同时，也应该对环保行为制定制度性补偿机制，更重要的是发挥政府的引导服务功能。政府应当发挥其战略视角优势，制定更为合理的引导企业低碳运营的政策制度体系，形成制度性补偿，同时发挥政府公共服务平台功能帮助企业或者产业生产者审视全产业链的平台和资源。

只有通过全产业链的模式才能明确绿色环保的责任主体，形成合力（相互监督、相互合作），降低绿色环保的外部性，真正实现绿色经济、生态经济和循环经济。全产业链是围绕产品和服务的生命周期，由设计、研发、采购、制造、物流配送、销售、服务、消费以及产品使用和回收再利用等一系列环节所组成的链条。

从社会与经济发展现状分析可知，有若干因素正在推动企业围绕全产业链进行低碳运作，基于绿色环保的产业和企业实践具有现实意义。一是企业的社会责任意识和环保意识在不断提高，这从认知层面推动企业的低碳运作。二是绿色技术的发展提升低碳运作的效益。新材料、新技术、新工艺可以大大降低能耗、减少污染，提高产品的环保性，降低业务活动的外部性；也可采用新技术，将外部性内部化，降低成本，提升产品和服务的附加值，提升企业的国际竞争力。三是公众的环保意识在提升，环保的参与度在不断提高，社会监督作用不断提升。四是企业间和产业链的隔阂正在逐渐被打破，特别是在全球化和信息技术发展的大背景下，产业链各环节之间的竞合水平在不断提升。

第三节　循环经济理论

循环经济是指"按照自然生态系统物质循环和能量转化的规律，通过清洁生产技术、废物回收技术，使资源的利用效率最大化，废弃物排放量最小化，将经济系统和谐地融入自然生态系统的物质、能量循环的过程中，从而实现经济和环境的协调发展"。

循环经济的本质是生态经济，是一种新型的、先进的、人与环境和谐发展的经济形态，是实现经济、社会和环境可持续发展、协调发展和共赢发展的经济活动思维模式，它倡导"低耗能、高利用、再循环"，反对滥采乱用资源和"先污染、后治理"的方式，它恪守减量化（reduce）、再利用（reuse）与废弃物再循环（recycle）的"3R"原则。减量化原则，要求用较少的原料和能源投入来达到既定的生产、消费目的，在经济活动的源头注意节约资源和减少污染。再利用原则，要求制造品和包装容器能够以初始的形式被反复利用，废弃物再循环原则，要求生产出来的物品在完成其使用功能后，能重新变成可以利用的资源，而不是不可再生的废品。循环经济兼顾了经济效益、社会效益和环境效益，更加合理地提高了资源的利用效率，进一步节约了资源和能源，促进了经济、社会和环境的全面协调发展。

从循环经济的理论和实践关系入手，以"减量化、再利用、资源化"为基本原则，把经济活动按照自然生态系统的模式，通过延长产品、服务的时间强度和增加"废弃物"的资源化、再利用，组织成一个"资源→产品→再生资源"的物质反复循环流动的过程，以实现资源利用的最大化和污染物排放的最少化。循环经济是区别于以"高开采、高投入、高排放、低利用"的"三高一低"为特征的一种"资源→产品→污染物排放"的物质单向流动的线性经济（传统经济），而以"低开采、低投入、低排放、高利用"的"三低一高"为典型特征的"资源→产品→再生资源"的闭环式经济。在这种经济模式中，不但物质和能量通过不断循环和重复得以高效、合理、持久的利用，而且在生产和消费的过程中所产生的废弃物甚少，从而使经济活动对生态环境的负面影响降低到尽可能小的程度。对自然资源的高效利用和废弃物的低排放，不仅能够促进经济的质量型增长，也有助于缓解不可再生资源日益短缺的压力和恢复环境的自我调节机能，在经济效益和环境效益"双赢"的基础上，实现人类社会的可持续发展。循环经济具有如下两个特征：第一，循环经济理论将科学技术和自然资本统统纳入社会经济分析中，放松了传统经济学对于经济分析的假设前提。第二，循环经济理论认为自然生态也有价值，是第二财富。它从另一方面扩展了传统经济学的假设前提，有助于解决生态环境和公共性自然资源都没有价值和价格，不能进入经济核算体系，无法通过价格机制进行配置导致人们利用这些资源来替代经济资源而造成的生态环境的破坏和自然资源的浪费问题。

循环经济思想的主要特征包括以下三方面：第一，具有环境友好性。循环经济对于物质循环提出了两项标准，一是系统中的所有物质应当是经过多次重复循环使用的，循环使用效率应当达到最高值；二是系统所产生的废弃物能够被生态自然环境所净化，废弃物排放量不能超过生态自然环境承受能力。该特征主要表现在所有经济系统中的物质应当得到可持续利用，降低废弃物中的污染排放量，从而使得经济活动对生态自然环境的危害影响持续下降，使得两者之间能够得到平衡，实现互利共赢。第二，具有资源高效性。循环经济的根本目的是要实现经济系统中的资源高效利用，这是其所需要遵循的基本要求。在生产力低下的原始社会、封建社会，由于生产技术水平较低，人类生产与生活活动中对资源的利用效率也较低。随着人类进入工业化社会，科技水平大幅度提高，经济总量不断扩大，资源的低效利用加大了资源的消耗，并导致污染情况逐步加剧。随着科技水平的不断提升，人类开始从工业化社会步入信息化社会，经济发展也开始从传统的资本制约型向资源制约型转变。当社会发展进入转型升级的时期，可持续发展理念深入人心，经济活动的各个环节开始加大循环资源利用程度，资源利用效率逐步提升，循环经济的高效性特征开始逐步体现。第三，具有科技先导性。循环经济的发展离不开科技的支持。在现代的科技社会，人类的生产过程基本遵循物质守恒定律，但是为数不少的产品经过转化再返回自然时，其本身所具有的一些人工制造成分导致其不能被自然净化。随着科学技术的不断进步，生产能力飞速提高，在这样的背景下，如何对经济活动中产生的废弃物进行无害化处理？如何不断提升自然生态环境的自我净化能力？这些都离不开循环经济理论的运用，只有通过采用循环经济，才能实现经济的可持续发展。所有人都应当高度重视循环经济发展的重要性，不断推动循环经济的科技水平，进而解决经济发展过程中出现的一些难题。

资源效用是循环经济理论关注的永恒主题，循环经济的研究对象是满足人类生存和发展的资源效用最大化和最优配置，循环经济与传统经济的本质区别在于资源效用的衡量标准不同。循环经济的本质属性是"经济"，其外延是"社会"和"环境"与"经济"的关系。具体而言，循环经济的研究核心是社会、环境因素影响下的资源节约，循环经济的研究范围包括资源节约与社会公平、环境保护之间的关系研究，但社会公平和环境保护本身并不是循环经济的研究内容。

循环经济是对物质闭环流动型经济的简称，是以物质、能量梯次和闭路循环使用为特征的。在环境方面表现为节约环境资源、降低污染物排放甚至是实现污染物零排放。循环经济把清洁生产、资源综合利用、生态设计和可持续发展融为一体，运用生态经济学规律指导人类社会的经济活动。从宏观上，它使经济系统和环境系统耦合，协调环境和经济之间的关系，促进经济系统中人流、物流、信息流、价值流和技术流的合理运转和环境经济系统的稳定、有序、协调发展，实现系统动态平衡。从微观上，它做到资源的多层次循环和综合利用，提高资源利用率，从而实现环境资源的优化配置。

我国在推动资源节约和综合利用、推行清洁生产方面取得了积极成效。但是，传统的高消耗、高排放、低效率的粗放型增长方式仍未根本转变，资源利用率仍较低，环境污染日益严重。同时，存在法规、政策不完善，体制、机制不健全，相关技术开发滞后等问题。当前，我国正处于工业化和城镇化加速发展阶段，面临的资源和环境形势十分严峻。为抓住重要战略机遇期，实现全面建设小康社会的战略目标，必须大力发展循环经济，按照"减量化、再利用、资源化"原则，采取各种有效措施，以尽可能少的资源消耗和尽可能小的环境代价，取得最大的经济产出和最少的废物排放，实现经济、环境和社会效益的统一，建设资源节约型和环境友好型社会。

绿色循环低碳产业体系初步形成。循环型生产方式得到全面推行，实现企业循环式生产、园区循环式发展、产业循环式组合，单位产出物质消耗、废物排放明显减少，循环发展对污染防控的作用明显增强。

城镇循环发展体系基本建立。城市典型废弃物资源化利用水平显著提高，生产系统和生活系统循环链接的共生体系基本建立，生活垃圾分类和再生资源回收实现有效衔接，绿色基础设施、绿色建筑水平明显提升。

新的资源战略保障体系基本构建。节约集约循环利用的新资源观全面树立，资源循环利用制度体系基本形成，资源循环利用产业成为国民经济发展资源安全的重要保障之一。

绿色生活方式基本形成。绿色消费理念在全社会初步树立，绿色产品使用比例明显提高，节约资源、垃圾分类、绿色出行等行为蔚然成风。

第四节　生态文明建设理论

良好的生态环境是人类社会长期存在和永续发展的根基，也是人民美好生活需要的重要组成部分。在党的十九大报告中，生态文明建设作为中华民族永续发展的千年大计，被提到了前所未有的高度。

生态文明是人类文明的重要组成部分，既表现为人类在正确认识和处理人与自然关系过程中所取得的实践和理论成果，又代表了人类追求人与自然和谐相处以实现自身永续发展的美好愿景。生态文明建设是为实现生态文明进行的理论和实践活动过程。一般意义上讲，生态文明建设是指"端正人们对待自然环境的基本态度、理念、认识，并付诸开发与利用自然的实践的过程"。生态文明建设的核心要义是正确处理人与自然、人与人之间的相互关系，努力实现经济社会与资源环境永续协调发展，达到人与自然的高度和谐统一。

生态文明具有完整性、和谐性、持续性和高效性的特征。生态文明建设的过程中，我们在促进开发使用自然资源时，必须建立与自然之间的平等关系，经济发展起来之后，还要对自然和社会系统的总体利益进行相应的核算，同时要注意社会经济是不是对自然资源造成了一定的负面影响，注意环境资源是否具备社会经济飞速发展的承载能力，这样才能够使自然和人之间的发展更协调。生态文明的完整性特征：生态文明并不是某一个国家或者某一个地区的理念，这是一个全球性的以生态系统作为一个整体的理念。在这里，各个要素是相互依存的关系，它们之间共同发展，但是又互为制约。这种整体性表现在三方面：世界，人与自然，人类的社会文明。它们各为整体，相互间又互为整体。生态文明的和谐性特征：生态文明是建立在人类发展的基础上的，是人类发展的产物，也是自然环境不断发展的产物，人类社会和自然环境和谐发展，两者之间是一个相互促进和相互制约的有机统一体。人与社会及自然之间是一个三位体，这个互联系统就形成了人类生态文明，当我们在开发自然资源时，要注意协调这三者之间三个子系统的平衡与和谐，生态文明的持续性特征：生态文明系统具有可持续发展性，生态系统的基础是其承载能力的大小，其最终目标是人类是否可持续性发展。生态文明的终极目标是人、社会、自然这三者之间应具备一种可持续性发展的关系。生态文明的高效性特征：生态文明通过建立各行各业及各部门之间的互相调节的生态网络系统，让自然资源等在这个系统中可以得到循环和高效的利用。

关于生态文明建设的基本内涵，生态文明要求人与自然之间必须和谐发展，人们必须在这一思想的指导下对自然环境和资源进行合理的开发和利用，将人与自然界之间存在的矛盾解决，从而从根本上解决生态危机，创造和追求生态文明成果，这是一种实践性的行为。生态文明的实现过程，是人类在生存的过程中不断认识自然，并在认识的基础上对自然进行改造，从而达到两者之间和谐共存的过程，这个过程是艰苦的，所以我们要克服一切可能存在的困难，克服在改造时可能对生态环境造成的负面影响，使生态环境能够合理有序地运行，并建立一套良好生态环境的运行机制。这表明了人类已经不再敬畏自然，对自然有了比较系统的认识，并与自然和谐共存。其包括的领域较广，所以发展过程中对社会经济等有着一定的约束性和指导性作用。

生态文明建设的基本原则是可持续发展、平等公正和统筹兼顾。第一个原则是可持续发展：可持续发展作为其核心，是生态文明一直以来所坚持的。人类与大自然之间要和谐共存，要得以持续性的发展，必然要对环境进行保护，对自然资源进行合理利用，并遵循自然界中的运转规律以及经济的发展规律，保证经济和自然之间的可持续性发展。可持续发展的原则要求高度重视节能和减排，改变传统的生产方式、生活和消费方式，在生产过程中开展清洁生产，在消费过程中实施绿色消费。要坚持可持续发展这一原则，通过科学技术的不断创新，来提高资源复用率和利用率。为了保护生态环境，要以可持续发展作为基础，同时注重对生态和环境的保护，包括对生态环境系统的保护，对环境污染进行控制，对环境质量进行改善，保证自然资源在满足社会经济发展需要后还可以继续使用，不会因人类不断过度的开发和利用生态资源而加重了地球的负担。第二个原则是平等公正：对生态资源的利用要公正平等，也就是说我们的子孙后代和我们一样享有对生态资源使用的权利。如果我们过度地对自然资源进行了开采，则会造成非常严重的生态危机和生态问题，我们的子孙后代之后就无法在这个地球上正常地生活，这就是我们剥夺了他们的生态权。我们的子孙后代和我们一样享有这个世界生态环境的所有权和使用权，这是公平公正的，所以我们有责任对我们破坏的环境进行恢复和治理，有义务保护和改善生态自然环境，合理控制对自然环境及资源的利用程度，让自然环境自然转换，让生态和谐稳定。第三个原则是统筹兼顾：经济全球化的高速发展，使得人与人之间乃至全球人类的命运被紧紧地联系起来。生态问题是全球性的，是无国界的，对于生态问题任何一个国家都不能单枪匹马地解决好，这是一个全球性问题，是全人类所面临的危机。我们要采取适当的措施，因此这就要求其他国家都参与进来，共同解决生态问题所带来的一切后遗症。坚持统筹兼顾原则指的是对生态文明的建设要从总体考虑，世界各国要作为一个整体，共同挑起解决全球生态问题的重担。

关于生态文明建设的理论渊源，当前我国生态文明建设的理论依据主要包括马克思恩格斯的思想、中国传统优秀文化、系统论和生态现代化理论等。还有学者从马克思主义经典作家的生态思想、马克思主义的生态文明思想、中国传统文化中的生态思想等三方面来论述中国生态文明建设的理论资源，其中，就马克思主义经典作家的生态思想而言，主要包括："人与自然界的辩证统一是核心观念，共产主义是实现人与自然矛盾和解的最终归宿。"而就生态学马克思主义的生态文明思想而言，主要有"对资本主义制度、科学技术和异化消费的批判"等。而就中国传统文化中的生态思想而言，主要有天人合一、物我一体的整体和谐思想，顺应天时、节约用物的生态实践思想。

关于推进我国生态文明建设的具体路径，比较具有可操作性和研究价值的路径和措施有：要加快多元协同治理框架下的生态文明建设，加快制定"生态文明建设考核指标"，坚持"五位一体"的总体布局推进生态文明建设；依据生态文明建设的理论，按照生态文明建设政策要求，从自然资源或生态承载、生态环境、生态经济等方面进行评价和考核。

建设生态文明，昭示着人与自然的和谐相处，意味着生产方式、生活方式的根本改变，是关系人民福祉、关乎民族未来的长远大计，也是全党全国的一项重大战略任务。

生态文明以人与自然协调发展作为行为准则，建立健康有序的生态机制，实现经济、社会、自然环境的可持续发展。这种文明形态表现在物质、精神、政治、科技等各个领域，它涵盖了全部人与人的社会关系和人与自然的关系，涵盖了社会和谐和人与自然和谐的全部内容。生态文明着重强调人类在处理与自然关系时所达到的文明程度，重点在于协调人与自然的关系，核心是实现人与自然和谐相处，协调发展。生态文明根植于自然界之中，根植于人与自然、人与人之间的和谐相处之中。从性质上来讲，生态文明是一种文化伦理观，是用于指导全社会处理人与自然关系，统筹人与自然和谐发展的意识形态。中共十九大全面阐述了加快生态文明体制改革、推进绿色发展、建设美丽中国的战略部署，充分体现了与时俱进的历史主动精神。由于长期实行主要依赖增加投资和物质投入的粗放型经济增长方式，能源和其他资源的消耗增长很快，生态环境恶化的问题也日益突出。人类社会的发展实践告诉我们，如果生态系统不能持续提供资源能源、清洁的空气和水等要素，经济社会的持续发展就会失去载体和基础，进而整个人类文明都会受到威胁。我国人均主要自然资源和人均 GDP 都远低于世界人均水平，发展是我们的第一要务，但发展已不能再走拼资源环境的老路，而是要清醒地认识发展的自身条件、外部环境和全球趋势，以历史的主动精神去探索新的发展方式，抓住和用好发展的新机遇，主动地融入到世界发展生态文明新趋势的大潮中。

建设生态文明是一个在经济、社会、文化、环境等领域内具有共同指导作用的重要治国理念。而且，提出建设生态文明，并把其思想贯穿到包括人的思想道德发展在内的整个社会文明发展的体系之中，是对中国治国理念的实质性提升，必将产生久远的效果。当生态文明成为一种国家执政的准则时，一切不符合生态文明要求的国家政策就会逐步得到纠正，而符合生态文明的政策将不断出台，最终实现科学发展观所要求的全面协调可持续发展。生态文明以人与自然的平等观，把发展与生态保护紧密联系起来，提出在保护生态环境的前提下发展，在发展的基础上改善生态环境，实现人与自然的协调发展，在文化价值观、生产方式、生活方式、社会结构上都体现出了一种人与自然关系的崭新视角。目前，人类正在加快向生态文明转型的步伐。人类只有按照生态文明所要求的目标，树立科学发展观，调整产业结构、生产方式和消费模式，大力宣传和普及生态文明意识，建立健全保护环境、维护生态平衡的法律和制度，借鉴、吸收国内外的先进经验。才能使人类文明朝着生态文明的方向更好更快地前进。

建设生态文明，既继承了中华民族的优良传统，又反映了人类文明的发展方向。中华文明之所以源远流长，重要原因之一就是中华民族文化具有崇尚自然的传统和天人和谐的思想，中华的文化理念里蕴含着深刻的生态智慧，中华的历史传统延续着深刻的生态智慧。中国传统文化中固有的生态和谐观，为实现生态文明提供了坚实的思想源泉。生态伦理思想本来就是中国传统文化的主要内涵之一。中国儒家主张"天人合一"，其本质是肯定人与自然界的统一，肯定天地万物的内在价值，主张以仁爱之心对待自然，体现了以人为本的价值取向和人文精神。中国道家提出"道法自然"，强调人要以尊重自然规律为最高准则，以崇尚自然、效法天地作为人生行为的基本皈依；强调人必须顺应自然，达到"天地与我并生，而万物与我为一"的境界。中国历朝历代都有生态保护的相关律令。如《逸周书》上说："禹之禁，春三月，山林不登斧斤。"这些无一不闪烁着生态智慧的光芒。

中国已经具备了向生态文明迈进的经济基础、政治基础和文化基础。

由此可见，提出建设生态文明，既是基于我国生态环境问题日益突出、资源环境保护压力不断加大的新形势而做出的战略决策，也是全面建设小康社会、构建社会主义和谐社会的重要保障，是贯彻落实科学发展观、缓解生态环境压力、统筹人与自然和谐发展的必然选择。建设生态文明，既有利于实现以人为本、全面协调可持续发展，又有利于改善生态环境、提高人民生活质量；既继承了中华民族的优良传统，又反映了人类文明的发展方向，是关系中华民族生存与发展的根本大计，具有极其重要和深远的意义。

建设生态文明是发展中国特色社会主义的必然选择。在社会主义现代化的进程中，党和政府明确提出建设生态文明，是由我国的基本国情决定的。我国人口众多，资源相对不足，生态环境承载能力弱。特别是随着经济快速增长和人口不断增加，能源、水、土地、矿产等资源不足的矛盾越来越尖锐，生态环境的形势十分严峻。只有走生态文明的发展道路，才能推动中国特色社会主义的可持续发展。

建设生态文明，符合人类社会文明发展的大趋势。从人类发展史来看，人类文明已经经历了原始采集文明、农业文明和工业文明。在工业文明时代，人类取得了前所未有的辉煌成就，但也遇到了前所未有的生态危机。只有提倡和实行以生态产业或产业生态化为主要特征的生态文明形态，才能够逐步克服工业文明时代所出现的一系列弊端。人与自然的关系反映着人类文明与自然演化的相互作用及其结果，对于人类社会来说，违背规律的乱开发造成的"生态野蛮"和原始落后的"生态愚昧"都是与生态文明相矛盾的状态。

建设生态文明是人类社会进步的必然要求，也是推进中国特色社会主义进程的必然要求。作为一个发展中国家的生态文明建设，既要充分吸取发达国家在生态环境方面的经验教训，特别注重生态保护和可持续发展，最大限度地降低发展的自然生态代价，也要牢记"发展是我们的第一要务"，牢记加速发展生产力、发展经济、消除贫困、努力提高人民生活水平仍然应该是我们的首要任务。我们要把发展作为包括生态文明在内的整个文明建设的基本手段，通过进一步促进社会经济的发展，来推动生态文明建设。

生态文明建设是人类在追求生态文明这一实践和过程中所想取得的成就，其包括两方面的建设，一方面是硬件上的，另一方面是软件上的。生态文明软件方面的建设指的是人们对生态的认识有了一定的改变，使生态质量得到提高，并开展相应的生态教育，让生态文化得到更好的传承与发展。硬件方面，指的是与生态有关的法律体制建设和物理设备设施等的建设。而对生态文明进行建设则是将这些行动和过程结合和统一起来。建设生态文明的前提条件是绿色发展、低碳消费，并在此过程中不断对生态基建进行升级。建设生态文明的关键点是寻找和使用有助于促进其发展的方法措施，其目的是使生态文明建设能够实现可持续发展，并使这一结果更优。生态文明建设的最终目标是："资源节约型、环境友好型社会建设取得重大进展。主体功能区布局基本形成，资源循环利用体系初步建立。单位国内生产总值能源消耗与二氧化碳排放大幅下降，主要污染物排放总量显著减少。生态系统稳定性增强，森林覆盖率提高，人居生态环境明显改善。"

第九章 从工业大国迈向工业强国

第一节 工业发展的战略部署

按照《中国制造2025》的战略部署，中国工业发展将分三步走。第一步，力争用十年时间，迈入制造强国行列。到2020年，基本实现工业化，制造业大国地位进一步巩固，制造业信息化水平大幅提升。掌握一批重点领域关键核心技术，优势领域竞争力进一步增强，产品质量有较大提高。制造业数字化、网络化、智能化取得明显进展。重点行业单位工业增加值能耗、物耗及污染物排放明显下降。到2025年，制造业整体素质大幅提升，创新能力显著增强，全员劳动生产率明显提高，两化（工业化和信息化）融合迈上新台阶。重点行业单位工业增加值能耗、物耗及污染物排放达到世界先进水平。形成一批具有较强国际竞争力的跨国公司和产业集群，在全球产业分工和价值链中的地位明显提升。第二步，到2035年，我国制造业整体达到世界制造强国阵营中等水平。创新能力大幅提升，重点领域发展取得重大突破，整体竞争力明显增强，优势行业形成全球创新引领能力，全面实现工业化。第三步，新中国成立一百年时，制造业大国地位更加巩固，综合实力进入世界制造强国前列。制造业主要领域具有创新引领能力和明显竞争优势，建成全球领先的技术体系和产业体系。

《中国制造2025》围绕经济社会发展和国家安全重大需求，选择十大优势和战略产业作为突破点，力争到2025年达到国际领先地位或国际先进水平。十大重点领域是：新一代信息技术、高档数控机床和机器人、航空航天装备、海洋工程装备及高技术船舶、先进轨道交通装备、节能与新能源汽车、电力装备、农机装备、新材料、生物医药及高性能医疗器械。高档数控机床与基础制造装备是中国迈向工业强国的关键领域，也是《中国制造2025》中的重点。高档数控机床是指具有高速、精密、智能、复合、多轴联动、网络通信等功能的数控机床，基础制造装备是制造各种机器和设备的装备之总称。高档数控机床与基础制造装备包括金属切削加工机床、特种加工机床，以及铸、锻、焊、热处理等热加工工艺装备、增材制造装备等，具有基础性、通用性和战略性的特征。

到2020年，高档数控机床与基础制造装备国内市场占有率超过70%，数控系统标准型、智能型国内市场占有率分别达到60%、10%，主轴、丝杠、导轨等中高档功能部件国内市场占有率达到50%；到2025年，高档数控机床与基础制造装备国内市场占有率超过 80%，其中用于汽车行业的机床装备平均无故障时间达到 2 000 小时，精度保持性达到 5 年；数控系统标准型、智能型国内市场占有率分别达到 80%、30%；主轴、丝杠、导轨等中高档功能部件国内市场占有率达到 80%；高档数控机床与基础制造装备总体进入世界强国行列。通过努力，2025 年中国制造业的创新能力、质量效益、两化融合、绿色发展等方面都将有较大幅度的提升。

世界历史告诉我们，每一次工业革命，若一国能掌握制造业领先技术，率先实行产业转型升级，就能引领世界发展潮流，在全球产业竞争中占领先机。当前，全球新一轮科技革命和产业变革正在酝酿新突破，特别是新一代信息技术与制造业深度融合，正在引发影响深远的产业变革，也带来制造业创新体系的相应变化；创新载体从单个企业向跨领域多主体协同创新网络转变，创新流程从线性链式向协同并行转变，创新模式由单一技术创新向技术创新与商业模式创新相结合转变。为了适应这一变化，发达国家纷纷在借鉴优秀经验的基础上，建立了具有跨界、融合、协同特征的创新载体。建设制造业创新中心是我国制造业转型升级的内在需要。从我国制造业的发展情况来看，当前我国虽然是世界第一制造业大国，但很多领域的关键技术并没掌握，无法在全球竞争中抢占制高点。制造业创新中心是一种国家级创新平台，是由企业、科研院所、高校等各类创新主体以自愿组合、自主结合的方式形成的，以非营利机构牵头、以企业为主体的新型创新载体。创新中心旨在汇聚产学研各方面资源，面向制造业创新发展的重大需求，打通技术研发、转移扩散和产业化链条，集中攻克相关领域前沿技术和关键共性技术，及时将研发成果产业化，并逐步推广应用，同时将产业界的技术需求及时反馈给研发领域，形成跨界协同的创新生态体系。除了技术服务外，创新中心还将承担制造业创新公共服务的职责，提供标准研制和试验验证、产品检验检测、设备共享、知识产权协同运用、项目评价，以及各种形式的人才培养和培训及交流等服务，甚至还可以与金融机构合作为相关企业提供一定的技术改造融资，为相关企业提供可行的、必要的支持。

为推动创新，坚持创新驱动、智能转型、强化基础、绿色发展，加快从制造大国转向制造强国，中国政府还批复同意宁波等 12 个城市和 4 个城市群为"中国制造 2025"试点示范城市（群）。宁波市政府发布了《宁波市推进"中国制造 2025"试点示范城市建设的若干意见》，通过建立政策性融资担保体系，每年安排不少于 5 亿元作为"中国制造 2025"专项资金用于政策补助等措施，落实试点城市建设稳步运行。

第二节　供给侧结构性改革与工业发展

一、去产能与工业转型升级

供给侧结构性改革要求抓好"去产能、去库存、去杠杆、降成本、补短板"五大重点任务。其中，去产能又是重中之重。

钢铁产业是去产能任务的重点之一。过去，国家对钢铁行业的调控思路主要是通过事前审批方式控制产能，由于审批核准制度滞后于市场需求，致使政策调控产能的成效不佳。

由于生产过剩，煤炭行业亏损严重。为解决煤炭企业经营困难问题，国务院于2016年2月5日发布了《关于煤炭行业化解过剩产能实现脱困发展的意见》（以下简称《意见》），明确了未来煤炭行业化解过剩产能和实现脱困发展的工作目标，即未来3～5年，产能退出和减量重组分别为5亿吨左右。安全监管总局（现应急管理部）等部门确定的13类落后小煤矿要尽快依法关闭退出。《意见》的主要任务之一是严格控制新增产能：从2016年起，3年内原则上停止审批新建煤矿项目、新增产能的技术改造项目和产能核增项目；确需新建煤矿的，一律实行减量置换。该《意见》将停止审批新建煤矿的年限设为3年，显示了政府限产、减产的决心和力度。通常在建矿的投产需3～4年，加上停止审批的3年，预计6～7年内不会有新增产能，这一举措将有效实现供给侧改革的去产能目标。

二、"降成本"与工业发展

"供给侧结构性改革"要求工业经济发展降低成本。一是税费负担合理降低。全面推开营改增试点，年减税额5000亿元以上。清理规范涉企政府性基金和行政事业性收费。二是融资成本有效降低。企业贷款、发债利息负担水平逐步降低，融资中间环节费用占企业融资成本比重合理降低。三是制度性交易成本明显降低。四是人工成本上涨得到合理控制。工资水平保持合理增长，企业"五险一金"缴费占工资总额的比例合理降低。五是能源成本进一步降低。企业用电、用气定价机制市场化程度明显提升，工商业用电和工业用气价格合理降低。六是物流成本较大幅度降低。

根据中国财政科学研究院的调查，在降成本的政策作用下，企业每百元营业收入中的成本、费用普遍下降。

第三节　新时代全面对外开放与中国工业发展

一、"一带一路"与工业发展

2013年9月7日，习近平总书记在哈萨克斯坦纳扎尔巴耶夫大学发表演讲，提出了共同建设"丝绸之路经济带"的畅想。同年10月3日，习近平在印度尼西亚国会发表演讲，提出共同建设"21世纪海上丝绸之路"。这二者共同构成了"一带一路"重大倡议。"一带一路"贯穿亚欧非大陆，一头是活跃的东亚经济圈，一头是发达的欧洲经济圈，中间广大腹地国家经济发展潜力巨大。

（一）"一带一路"有利于缓解我国资源、能源压力

许多"一带一路"周边国家自然资源丰富，通过"一带一路"建设，可以扩大中国工业资源利用的范围，有效降低国内资源品价格上升的压力。例如，"一带一路"地区原油供需分别约占世界总量的1/2和1/3。原油净出口量超过1亿吨的国家有5个，依次是沙特阿拉伯、俄罗斯、伊拉克、阿联酋和科威特。"一带一路"地区天然气产量约占世界总量的50%，天然气需求约占世界总量的42%。该地区天然气净出口量约3000亿立方米，主要净出口国是俄罗斯、卡塔尔、马来西亚、土库曼斯坦、印度尼西亚等国。

（二）"一带一路"建设将有助于我国消化过剩产能

许多"一带一路"沿线国家基础设施薄弱，通过"一带一路"项目的推进，我国将加强与沿线国家的合作与联系，有效化解国内过剩产能。

（三）"一带一路"建设将助推中国工业的国际合作

"一带一路"建设还将推动中国和沿线国家的合作。马钢通过收购法国瓦顿，实现自有技术与世界领先技术的深度融合；华菱通过与FMG、安赛乐米塔尔合作，成功实现向产业链两端扩展，通过参股、合资等途径将"走出去"和"引进来"有机结合，积累了国际资本、技术合作新经验；河钢通过股权合作成功控股德高，获得世界级成熟商业网络，实现借船出海；河钢并购的塞尔维亚钢铁项目揭牌，实现中东欧布局的突破，为谋划低成本产业链垂直并购，进入海外高端装备制造业市场打下了基础；宝钢、德龙等一批企业在国外建设产业园区和加工配送中心，创造发展环境，提高终端服务能力，与用户形成利益共同体；包钢抓住"一带一路"建设和国际产能合作机遇，积极推进与蒙古和印尼相关企业的项目合作。

白俄罗斯总统卢卡申科提出建设中白工业园。中白工业园位于白俄罗斯明斯克州斯莫列维奇区，总面积91.5平方公里，是截至目前中国境外最大的经贸合作区。华为、中兴、

招商局集团、纳米果胶（白俄罗斯企业）、新筑股份、中联重科、中国一拖、中国电信白俄罗斯有限责任公司和浙江永康弘福等企业已在中白工业园注册。其中，招商局集团、新筑股份和中联重科已确定园区地块。此外，宝莲华新能源集团等20多家企业与园区管委会、合资公司签署了合作意向协议。

由中国、巴基斯坦和卡塔尔联合投资，中国电力建设集团承建及未来运营的卡西姆港燃煤电站项目，装机容量2×660兆瓦，预计年发电量将达到95亿千瓦时，能极大地缓解巴基斯坦目前的缺电局面。位于开伯尔－普赫图赫瓦省境内的巴基斯坦苏克阿瑞大型水电站，总装机容量870兆瓦，年发电量约30.81亿千瓦时，能够有效促进巴基斯坦西北部地区的经济发展。

二、自贸区与中国制造升级

在新的历史时期，中国政府为适应国内外局势的变化，还积极探索了自贸区的建设。从国际上来看，发达国家所主导的跨太平洋伙伴关系协议（TPP）、跨大西洋贸易与投资伙伴关系协定（TTIP）等自由贸易协定中，依托其产业优势、技术优势和管理优势，在行为规制和监管制度方面设置了更高的谈判标准，涉及投资保护、透明度、竞争中立、权益保护、劳工保护甚至国家安全等领域，倒逼我国加快构筑全球自贸区网络建设，以开放型竞争带动产业链的全面升级。从国内角度来看，我国对外投资的管理与利用方面的制度建设滞后，制约了开放型经济的进一步发展。

2013年9月29日，中国（上海）自贸试验区挂牌启动。国务院批准的上海自贸区，推行贸易自由化（即没有海关监管、查禁、关税干预下的货物自由进口、制造和再出口）、投资的自由化（全面实施准入前国民待遇和负面清单管理。非禁即入，除了负面清单规定不能做的，其他都可以做）、金融国际化、行政精简化。2013年，上海自贸试验区制定了首份负面清单，开放度达80%，大大精简了外商投资准入特别管理措施。以上海自贸区为代表的开放平台建设，不仅为东部地区发展注入了活力，而且为全国自贸区的建设提供了宝贵的实践经验。

2015年党中央、国务院决定在广东、天津、福建设立自由贸易试验区，2016年进一步在辽宁、浙江、河南、湖北、重庆、四川、陕西新设七个自由贸易试验区。自贸区建设的探索，一方面以更高的开放水平推动东部沿海地区发展，形成我国新的经济增长点；另一方面自贸区向内地推广，为区域协调发展注入了新的活力。

天津自贸区中的天津机场片区，面积为43.1平方公里（含天津港保税区空港部分1平方公里和滨海新区综合保税区1.96平方公里），是天津先进制造业企业和科技研发转化机构的重要集聚区。重点发展航空航天、装备制造、新一代信息技术等高端制造业和研发设计、航空物流等生产性服务业，形成了民用航空、装备制造、电子信息、生物医药、快速消费品和现代服务业等优势产业集群。天津机场片区拥有民用航空、高端装备和快速消费品三大支柱产业，以及新一代信息技术、生物医药与健康两个呈快速发展态势的主导产业。一是航空产业。航空产业是天津机场片区的重要支柱产业之一，在空客 A320 龙头项目的带动下，机场片区已相继引进了 60 多家航空制造项目，包括中航直升机、联合技术航空部件、庞巴迪公务机维修、罗克韦尔柯林斯、PPG 航空涂料、赫氏、卓达宇航、海特、透博梅卡、FTG、西飞机翼等，涉及研发设计、飞机组装、部件制造、零部件配套、航空维修、航空培训、航空物流等领域。二是装备制造业。高端装备制造业是机场片区的重要支柱产业之一，以生产制造电力装备、汽车零部件、工程机械、专用设备为主。已聚集了卡特彼勒、阿尔斯通水电、GE 医疗、麦格纳、舒勒、博格华纳、久益环球、通用电缆、百超激光等世界 500 强企业和行业龙头企业，产业迅猛发展。三是快速消费品制造业。机场片区快速消费品制造业以食品、日化用品等为主，目前，已有联合利华、道达尔润滑油、SK 润滑油、嘉里粮油、金佰利、统一集团等陆续投资或达产，产业规模不断壮大。四是生物医药和健康产业。随着一批国内外知名的龙头项目在机场片区建成投产，生物医药和健康产业呈现快速发展态势，成为机场片区先进制造业中的主导产业之一。目前，机场片区的生物医药和健康产业汇聚了中科院工业生物所、华大基因、瑞普生物、伊宁、贝瑞康、席勒、思塔高、爱睿希等一批生物医药自主创新机构和企业，形成一定的产业规模。未来五年，机场片区将培育具有较高知名度和较强竞争力的优势产品，不断提高生物医药和健康产业发展水平。五是新一代信息技术产业。新一代信息技术产业是机场片区先进制造业中两大主导产业之一，目前，机场片区新一代信息技术产业已汇聚了展讯、锐迪科、中兴通讯、沃尔沃 IT、CSC、清华紫光、东软、软通动力、科大讯飞、书生电子等龙头项目，生产能级迅速提升。六是现代服务业。保税区现代服务业发展强劲，聚集了以移动、联通为主的信息服务业，以美国 CSC、东软、软通动力等为龙头的服务外包业，以民生金融租赁、渤海租赁、平安融资担保等为龙头的新型金融业，以中科院工业生物技术研究院、华大基因、铁三院、中兴等为龙头的研发设计和科技服务业，以贵金属交易所、散货交易市场等为龙头的交易市场集群，以及包括中国铁建大桥工程局、中冶天工、神州租车等在内的一批总部项目。

经过新中国七十多年的发展，中国工业经历了"从小到大"的发展历程，现在已经成为世界第一工业大国，但中国当前还不是工业强国。随着中国的崛起，中国与世界工业强国之间的竞争将加剧。当前中国与世界强国相比，工业方面的差距主要体现在质量与效益上。中国工业在完成了数量赶超的基础上，应当按照制造强国"三步走"的战略，实现工业质量与效益的赶超，完成 2050 年步入世界工业强国前列的宏伟目标。

参考文献

[1] 信伟. 经济学视域下的体育产业发展探索 [M]. 北京：经济管理出版社. 2021.

[2] 严金强，金兴华. 绿色发展的政治经济学探索—生态与经济协调发展的视角 [M]. 天津：天津人民出版社. 2021.

[3] 蔡昉. 中国经济 实践探索与学理解说 [M]. 成都：四川人民出版社. 2021.

[4] 王少杰，王亚舟，胡泽民. 欠发达地区科学城体系建设研究—以广西为例 [M]. 北京：中国经济出版社. 2021.

[5] 兰小欢. 置身事内：中国政府与经济发展 [M]. 上海：上海人民出版社. 2021.

[6] 李利军，李艳丽. 排污权制度探索与实践 [M]. 北京：冶金工业出版社. 2021.

[7] 王俊. 法与中国经济发展 [M]. 北京：知识产权出版社. 2020.

[8] 李国庆. 临空经济发展的法治保障 [M]. 北京：中国经济出版社. 2020.

[9] 赵高斌，康峰，陈志文. 经济发展要素与企业管理 [M]. 长春：吉林人民出版社. 2020.

[10] 段庆林，王林伶. 宁夏经济发展报告（2021）/宁夏蓝皮书 [M]. 银川：宁夏人民出版社. 2020.

[11] 卜彦芳. 中国传媒经济发展报告 [M]. 北京：中国国际广播出版社. 2020.

[12] 龚勇. 数字经济发展与企业变革 [M]. 北京：中国商业出版社. 2020.

[13] 刘丽娟. 区域经济发展理论与实践研究 [M]. 中国原子能出版社，2020.

[14] 李涛. 新旧动能转化下乡村旅游研究 [M]. 北京：中国经济出版社. 2020.

[15] 张媛媛. 产业结构服务化转型背景下我国经济增长的新旧动能转换研究 [M]. 北京：中国财政经济出版社. 2020.

[16] 黄守宏. 2019 中国经济社会发展形势与对策 坚持创新引领发展 加快培育壮大新动能 [M]. 北京：中国言实出版社. 2020.

[17] 芮明杰，王小沙. 中国产业发展年度分析报告（2019版）[M]. 上海：上海财经大学出版社. 2020.

[18] 沈明珠. 新时代浙江省全面深化改革与县域发展实践研究 [M]. 杭州：浙江工商大学出版社. 2020.